KB189190

우리는 영생하고 있다

We've already got eternity

김태곤 · 박혜경 지음

과학으로부터의 새로운 철학

(New Philosophy From Science)

도서
출판 행복에너지

우리는
영생하고 있다

초판 1쇄 발행 2024년 9월 10일

글 · 사진 김태곤·박혜경
발행인 권선복
편집 권보송
디자인 김소영
전자책 서보미
발행처 도서출판 행복에너지
출판등록 제315-2011-000035호
주소 (157-010) 서울특별시 강서구 화곡로 232
전화 0505-613-6133
팩스 0303-0799-1560
홈페이지 www.happybook.or.kr
이메일 ksb6133@naver.com

값 17,000원
ISBN 979-11-93607-51-0(93110)

도서출판 행복에너지는 독자 여러분의 아이디어와 원고 투고를 기다립니다. 책으로 만들기를
원하는 콘텐츠가 있으신 분은 이메일이나 홈페이지를 통해 간단한 기획서와 기획의도, 연락처
등을 보내주십시오. 행복에너지의 문은 언제나 활짝 열려 있습니다.

"요절한 수재 유진술 외삼춘과
돌아가신 모든 분들을 위하여"

머리말

　우리가 시한부 인생이라고? 육체는 결국 썩어 없어진다고? 천만에! 문학, 철학, 종교는 육체와 인생을 유한하다고 말하지만 생물학과 생리학은 육체가 영구적임을 깨닫게 한다. 죽음이 한 사람의 마지막이라는 것은 시각적 착각이다. 생물은 태초로부터 육체의 한계를 극복하는 방법을 고안하였으니, 생명은, 만들어지면 부서지는 물질의 한계를, 오묘하게 넘어섰다.

　사람들은 정신이나 영혼만이 영원한 것이라고 말한다. 지성인들은 뇌 기관의, 즉, 형이상학적, 정신적 영역에서 영생을 찾아왔다. 그러나 형이하학적인 생식기관이야말로 진정한 영생 담당기관이다. 신이 있다면 우리에게 두뇌를 주시기 전에 생식기를 먼저 주셨다.

죽음을 명확히 정의하지 않으면 삶은 영원히 의문부호로 남는다. 나 그리고 우리는 죽음으로 땅속으로 사라지거나, 하늘로 올라가지 않고 지구에서 계속 살아나간다. 지구가 끝이 날 때까지….

"영생이라는 파랑새는 먼 곳에 있지 아니하고 바로 너 자신의 몸이다"

나는 죽지 않고 계속된다. 최소한 모든 인류가 멸망할 때까지 그리고 모든 생명이 없어지게 될 때까지…

The body has already got eternal life from the beginning.

Our bodies does not have limited time.

We live permanently on the ground, not in the heaven or under the ground.

과거로부터, 눈으로 측정할 수 없는 진실은, 오히려, 시각의 반대쪽에 있었다. 코페르니쿠스는 지동설을 주장하였고, 콜럼버스는 둥근 지구를 입증하였다. 지구는 둥글었다. 콜럼버스의 달걀을 생각해보라….

우리는 종교나 철학을 통하여 인간의 영원성을 이해하려 한다. 20세기가 되면서 소립자와 우주를 알게 되었고, 또한 몸 속의 가장 깊은 곳에 자리잡은 DNA의 발견으로 생명의 실체를 파악하게 되었다. 망원경과 현미경의 발달은 시각이 틀릴 수 있음을 알려 주었다.

생물과 인간을 현미경으로 관찰하면 죽음이란 없다.
즉 "생자필멸"이라는 인문학적 진리는 틀린 말이다.

"삶과 죽음의 목적은 불사이다"
300~400만 년의 인간 여정 그리고 이 순간의 아프리카 초원의 동식물들의 먹고, 먹히고, 치열한 짝짓기는 모두 영속을 위함이다. 본능이란 영생을 위한 메커니즘. 영생은 생명의 운명.

제1부   # 어디에서 왔는가?

The Cosmos, The Life, The Human Being

제2부　어디로 가는가?

The Biology and The Physiology

제1부

어디에서
왔는가?

The Cosmos,
The Life,
The Human Being

THE ORIGIN

인생을 말하고 단정하기 전 먼저 물질의 세계, 즉 자연과학을 배우라. "인간은 무엇인가?", "우리는 어디에서 왔는가?", "우리는 어디로 가는가?" 역사에서는 오직 호모 사피엔스(지식의 인간)의 발자취만이 기록되어 있다. 이것만으로는 위에 열거한 의문을 풀 수 없다.

고고학자들은 지금으로부터 500만 년 전에서부터 300만 년 사이에 한 원숭이 종류로부터 인간이 진화되었다고 주장한다. 30억 년 전후부터 오늘날에 이르기까지 단세포 생명에서 다세포 생명으로, 거기서 민첩하고 복잡한 기능을 가진 포유류에까지 진화하였는데, **지질학은** 이러한 이론을 증명하고 있다. 30-40억 년 전쯤으로 거슬러 올라가 일단의 고분자 유기물에서 생명이 탄생하던 그날을 어렴풋이나마 그려보기 위해서는 핵산과 단백질이 등장하는 **분자생물학을** 만나보아야 한다. 그러나 거기에서도 ORIGIN에 대한 완전한 해답을 얻을 수 없다. 은하와 태양계가 형성되는 50억 년에서 100억 년 전의 엄청난 이야기들이 **천체 물리학** 속에 있으며, 150억 년 전쯤으로 계산되는 우주 탄생의 시간은 **소립자 물리학자들이** 계산한다.

과학자들, 그리고 모든 인류는 마침내 최후의 의문에 도달하게 되었다. 그것은 "인간은 왜 존재하는가?"라는 의문이 아니라 "우주는 왜 존재하는가?" 과학의 최전선은 인류문명사 이전의 잃어버린 역사를 찾아내는 학문이라 할 수 있게 되었다. 우리의 눈에 보이는 세계는 문명사의 평원이다.

인류가 걸어왔던 쪽의 지평선 너머엔 무엇이 있었을까? 그리고 우리가 걸어가야 할 쪽의 반대편 지평선 너머엔 또 무엇이 기다리고 있을까?

"우리는 어디에서 왔고 어디로 가는 것일까?"
"한 생명은 왜 태어나서 죽어야만 하는가?"
"세상엔 왜 사랑과 경쟁이 공존하는 것인가?"

시간 속에 과거와 미래가 있듯이, 현재의 공간 속에는 너무 커서 그리고 너무 작아서 알 수 없는 세계가 존재한다.

우리를 구성하는 마이크로의 세계, 그리고 우리가 속해 있는 우주라는 마크로의 세계, 이 두 세계는 우리가 측정할 수 있는 세계와는 다른 법칙을 가지고 있다. 그 법칙이 인간 세계에 큰 영향을 미치는 것은 아니지만 우리가 우주나 소립자의 세계를 알지 않고서는 인간의 위치나 인간의 미래를 알 수 없는 것이다.

생명의 핵심 DNA

유전자란 도대체 무엇인가?

150년 전 멘델에 의해 유전이라는 개념이 만들어지고 그 후 끊임없는 과학자들의 연구에 의해 결국 유전을 일으키는 유전자를 발견하게 되었다. 오늘날에도 유전자의 구조와 기능에 대해서 아직도 연구를 계속하고 있다. 유전자란 단지 인간의 종속물로서 인간의 유전정보를 저장하고 전달하는 세포 기관에 지나지 않는 것인가? 어떤 학자들은 인간이 지구의 주인공이 아니라 DNA가 지구의 주인공이라고 말한다. **즉, 생물이나 인간은 DNA가 갈아타고 가는 일시적 운송수단**(탈것)**에 지나지 않는다.** 바꾸어 말하면 생물은 자동차에 해당되고 DNA는 운전자가 되는 셈이다. 한 생물은 죽어도 DNA는 영구히 생존한다.

DNA는 생명보다 훨씬 이른 태초에 태어나서 지금까지 수많은 종류와 생물을 만들어 내면서 수천, 수만 대의 세대를 징검다리 삼아 건너뛰면서 생존을 계속해왔고, 지구의 끝날까지 긴 여행을 할 것이다. 그러나 오늘날, 인간이라 불리는 영특한 생물은 자신의 몸속에 숨어서 자신을 만들어내고 조정하는 DNA의 정체를 드디어 알게 되었다. DNA는 생명의 탄생으로부터 생물의 진화의 주인공적 역할을 수행하였으며, DNA를 이해하지 않고서는 생명의 역사, 생물의 역사, 더 나아가 인간의 역사를 파악할 수 없는 것이다.

DNA의 이해가 골치 아프다면 생물의 세포 속에 핵이 있고, 핵 속에는 염색체가 있으며, 염색체 안에는 무수한 DNA가 있는데 DNA는 생물이 과거에 겪었던 기억을 저장하고 또한 재생할 수 있다고만 알아도 충분할 것이다.

생물들은 DNA의 유전정보에 따라 단백질을 만드는데, 단백질은 몸을 만드는 재료가 되고 또한 몸밖에서 흡수한 물질로부터 자신에 필요한 여러 가지 물질을 만들기 위한 화학반응을 추진하는 효소로서 작용한다. DNA는 당과 인산과 염기로 이루어진 사슬과 같은 분자로서 두 가닥의 사슬 즉, 이중나선 구조로 이루어져 있다. **DNA분자는 세포 내, 핵 안에서 염색체를 만들고 있다.** 세포 분열 시에 두 배로 늘어난 염색체가 두 개의 딸세포에 평등하게 나누어지므로 모든 세포는 수정란과 동일한 염색체를 가지게 되는 것이다. 어떤 생물이 가진 DNA의 SET를 게놈(GENOM)이라고 하는데 사람의 경우 상염색체 22가닥과 성염색체 2가닥 모두 24가닥의 염색체 속에 포함된 약 60억 쌍의 DNA의 염기배열이 사람의 게놈이 된다.

40억 년 전으로 되돌아가 생명탄생의 시나리오를 분자생물학자들은 다음과 같이 추론하고 있다. 원시지구 환경에서 아미노산이나 당과 인산 등이 존재하였다고 추측되는데 당, 인산, 염기로 이루어진 **모노뉴클레어티드가** 나타나서 이들이 서로 결합하여 **RNA를** 형성하였으며 마침내 자기 자신을 끊거나 잇거나 하는 **자기복제능력을 획득한 RNA의 세계가 이루어진다.** 또한 아미노산도 결합하여 펩티드를 형성하고 이 펩티드 중에서 자발적으로 구조가 형성되고 단백질이 된다. 이윽고 단백질과 RNA가 서로 협력하게 되었으며 기능의 다양성은 증가케 되었고 RNA와 단백질이 지질 막에 둘러싸인 원시세포가 탄생하게 된다.

RNA는 화학적으로 더욱 안정된 DAN를 만들어 냄으로써 DNA세계가 열리게 된다. DNA는 유전정보의 운반체가 되고 단백질은 촉매기능을 맡게 되고 RNA는 이 둘 사이를 중계하는 운반체가 됨으로써 오늘날의 생명체의 기초를 이루게 되었다.

  초기의 세포는 산소가 없는 상태에서 자라는 혐기적 원핵세포였다. 원핵생물은 유기물의 에너지를 이용하여 생활하는데 마침내 태양에너지를 화학에너지로 변환하는 광합성 능력을 지닌 세균이 나타났다. 얼마 후 씨아노박테리아가 나타남으로써 광합성을 통하여 물을 분해하여 산소를 발생시킴으로써 지구의 대기는 산소가 풍부한 환경으로 바뀌게 된다. **원핵세포의 출연 후 약 20억 년이 지난 후에 산소가 풍부한 환경에서 자라고 산소를 이용할 수 있는 호기적 핵막을 가진 핵 생물이 나타나게 된다. 단세포 생물에서 마침내 다세포 생물들이 나타났는데, 지금으로부터 약 5억 년 전 유전자 폭발이라고 부를만한 다양한 생물이 나타났다. 생물이 양성**(암. 수)**으로 나뉨으로써 유전자의 수많은 조합이 나타나게 되었고 이로써 생물은 다양성을 획득하게 되었다.**

소립자

아래 글은 JOHN, BOSLOUGH의 〈WORLD WITHIN THE ATOM〉을 기초로 하였다.

우주의 모든 것은 입자(PARTICLES)로 이루어져 있음으로 **입자를 이해한다는 것은 우주의 기원(THE ORIGIN OF THE UNIVERSE)을 알 수 있다는 뜻이 된다. 인간의 역사는 생명의 역사가 있고서야 성립되며, 생명의 역사는 그것을 만들어내는 물질의 역사가 있고서만 시작된다. 그리고 물질의 역사는 그것을 구성하는 원자의 역사가 없고서는 있을 수 없다.** 우리의 눈앞에 펼쳐지는 대자연의 장관이나 은하수의 모습도 입자가 모여 이루어진 것이며, 인간을 현미경을 들여다 보면 수억 개의 세포가 모인 것이고, 그 세포 안의 미세 구조물은 원자의 집합체이며, 원자는 소립자의 구성으로 이루어진 것이다. 현재 내 앞에 있는 책상이나 의자, 몇 개의 과일도 입자로 구성되어 있으며, 인간의 지능이나 소위 정신세계라는 것도 뇌라는 물질, 즉 입자로 이루어진 곳에서 나타나고 있는 것이다.

현대의 입자 개념은 세분화되어 약간 복잡하다. 자세히 알고 싶지 않는 독자라면 소립자의 역사적 발견 과정만 알아도 될 듯하다.

고대 그리스의 데모크리토스는 우주만물은 더 이상 쪼갤 수 없는 알갱이로 이루어 졌다고 생각. 17세기경부터 뛰어난 물리, 화학자들이 꾸준히 등장하였고 18세기 후반, 영국의 물리학자 톰슨은 전자를 발견, 영국의 물리학자 라더포드는 1911년 원자핵을 발견, 1913년 보어는 원자모형을 예측하게 되었다.

입자의 최대 집합체가 우리의 우주이고, 최소의 입자는 소립자(QUARK)라고 한다. **소립자란 더 이상 세분화 할 수 없는 가상적 물질의 최소단위를 지칭한다.** 모든 물질은 **분자들로** 이루어져 있고 이 분자는 본래의 물질의 성질을 보전하는 최소단위이다. 1입방미터(㎥)에 분자의 수는 거의 무한대로 존재, 분자들은 100여 종의 원소의 결합으로 되어 있는데 그들 원자는 원자핵과 전자들로 구성되어 있다.

원자(ATOM)**의** 크기는 대략 1억 분의 1m로, 그 구조는 태양계의 모습과 흡사하다. 19C 말 J. THOMSON은 전자를 발견했고, 20C 초 러더포드(E. RUTHERFOED)는 원자 안에 원자핵이 존재한다는 것을 발견했다.

원자핵의 크기는 원자의 1/10000 이하이다. 러더포드의 제자들은 전기의 힘으로 원자력을 가속시켜 다른 원자핵과 충돌시키는 방법을 시도했다. 이것이 입자가속기를 사용한 최초의 실험이었고, 20C 물리학의 막이 열렸다. **입자가속기**(CYCLOTRON)**를** 이용한 연구에서 원자핵은 **양성자**(PROTON)**와 중성자**(NEUTRON)**로** 구성되었음을 알았다. **20C 초반에는 소립자의 개념이 원자를 구성하는 세 종류의 기본인자**(전자, 양성자, 중성자)**로 한정되었으나 그 후 가속기의 발달로 새로운 입자가 속속 발견되었다.**

세 종류의 입자 중 전자는 크기도 없고 분할되지 않는다는 점에서 ATOM으로서의 조건을 만족시키는 입자였고 양성자는 작지만 크기가 있고 다른 입자로 변화한다는 것을 알게 되어 결국 ATOM이라고 생각할 수 없게 되었다.

물질을 미세한 것으로 추구해 간다면 최후에 당도할 곳은 어떻게 되어 있을까? 20C 초 THEODOR DALUZA는 수수께끼 같은 매혹적인 상상을 하였다. 7개의 차원이 있는데 차원들이 미소한 줄과 같이 생긴 구조로 말려있고 이 미소한 선들의 변형체가 우리가 감지하는 기본입자이며 그들의 상호작용이 자연계의 4가지 힘으로 인식되고 있다고 ….

소립자는 미래의 상상이고 미지이다. 오늘날 우리가 도달한 소립자는 쿼크(QUIRK)다. 거대가속기(SUPER PROTON SYNCHROTRON)란 물질을 구성하는 궁극의 기본 입자를 연구하는데 불가결한 도구이자 뜻 그대로 거대한 기계이다.

극미의 세계를 관찰하기 위한 것이 에너지입자 가속기이다. 전자현미경을 대규모화한 것이 에너지 가속기라 할 수 있다. 가시광선의 최단파장보다 작은 물체는 광학 현미경으로 볼 수 없다, 왜냐면 물체의 크기보다 짧은 파장의 파동은 물체에 부딪혔다가 되돌아와 물체의 정보를 전하지만 물체의 크기보다 긴 파장은 그 물질을 넘어가기 때문이다. 전자와 양성자들의 입자도 파장을 가지며 입자의 에너지가 높을수록 파장도 짧아진다. 따라서 빛의 파장보다 작은 물체를 보기 위하여서는 파장이 극히 짧은 고에너지 입자를 사용하는데 대표적인 응용이 전자현미경이며 이것을 대규모화한 것이 고에너지 가속기이다.

수 킬로미터에 이르는 원형파이프 안을 거의 광속에 가까운 속도로 달리게 만든 후 에너지의 입자와 반입자(일반적으로 전자와 양성자 또는 양성자와 반양성자)를 충돌시키면 그 결과 산산이 부서지면서 사방팔방으로 뛰쳐나오는 더 작은 극미의 입자를 검출하게 된다. 입자와 반입자가 충돌하면 양쪽 모두 소멸되는데, 그 대신 각각의 입자가 가지고 있던 에너지의 집합체만이 극미의 공간에 남게 된다. 이 에너지가 물질인 입자와 반입자로 변환되어 새로운 입자가 생성된다.

2차대전 후 가속기의 급속한 발전으로 수많은 소립자가 인공적으로 만들어질 수 있었으나 1960년대 후반 소립자를 만들고 있는 기본적인 입자는 2종류로 크게 나눌 수 있었다. 전자, 뉴트리노와 같은 가벼운 입자를 랩튼이라 하고 중성자, 양성자 등의 무거운 입자를 하드론으로 분류하였다. 이 중 하드론이 쿼크와 같은 기본적인 입자로 되어 있다고 생각되었다. 물리학에서 존재를 확실히 알고 있지만 아직 쿼크를 단독으로 꺼낼 수 없고 그들 사이의 작용하는 힘을 밝혀내지 못하고 있다.

원자(ATOM)는 양전하를 가진 양성자(PROTON)와 전기적으로 중성인 중성자(NEUTRON)가 모여 이루어져 있고 그 주위로 음전하를 띤 전자(ELECTRON)가 있다. 즉, 원자(ATOM)는 3개의 SUBATOM으로 이루어져 있다. CYCLOTRON을 이용하여 원자의 내부를 깊이 알게 되었고, **양성자와 중성자는 QUARK의 COMBINATION(조합)으로 구성되었음을 알게 되었고, 쿼크가 오늘날 우리가 도달한 소립자인 것이다.**

쿼크는 COLOR(색)와 FLABOR(향)라고 명명된 특징으로 분류되는데, 현재까지 6종류의 쿼크가 발견되었으며, 이들은 TRIOS 또는 QUARKS/ANTIQUARKS PAIRS로 존재하고 있으며 현재 FREE QUARK의 존재유무도 검토되고 있다. 대부분의 SUBATOMIC PARTICLES는 쿼크로 구성되어 있다. **물질의 구조는 12개의 소립자와 4가지의 힘으로 이루어진 것으로 현재 생각된다.**

12개의 소립자는 6개의 쿼크족과 6개의 랩튼 족으로 구분된다. LEPTON으로는 ELECTRON(AS ELETRIC CURRENT)가 있고 아직 존재 이유를 모르는 MUONS와 TAU가 있으며 또 NEUTRINO라는 LEPTON(랩톤)이 있는데 이것은 더 무거운 TAU, MUON, ELECTRON과 결합을 이룬다. (ELECTRON NEU, MUON NEU, TAUNEU)

다시 말하자면 6개의 LEPTON과 6개의 FLAVOR OF QUARK가 모든 물질을 이루고 있는 것이다. **우주에는 또한 QUARK와 LEPTON 사이에서 힘을 전달하는 FORCE CARRIER가 있는데 이들을 GAUGE PARTICLES 라** 하며 자연의 4가지 기본적 힘을 전달해 주는 입자들이다. 중력(GRAVITY)을 전달하는 **GRAVITON**, 전자기력(ELECTROMAGNETISM)을 전달하는 **PLOTON**, 약력(WEAK)을 전달하는 **W+W−Z°**, 강력(STRONG)을 전달하는 **GLUON**, 물체에 대소가 있듯이 그들 물체운동을 지배하는 힘의 종류도 달라진다.

천체와 천체(거대한 세계)의 운동은 중력에 의해 지배되고, 일상적으로 일어나는 현상(인간세계)은 중력과 전자기력에 의해 일어나며, 원자핵의 세계는 강력이라는 힘이 중요하게 작용한다. 즉, 중력은 행성, 항성, 은하계를 함께 붙들어 매고 전자기력은 원자들을 결합시키며 강력은 원자핵을, 약력은 무게가 가벼운 기본입자들에게 작용한다.

LEPTON과 QUARK를 기본입자로 모든 세계는 구성되어 있고 그들 사이의 상호작용은 GAUGE PARTICLE이 담당한다는 현대의 표준이론이 완성된 마당에 물리학이 건너야 할 이론연구의 주제는 대통일 이론이다.(GRAND UNIVERSAL THEORY) 즉, 우주의 존재하는 모든 힘은 궁극적으로 하나로 통일된다는 이론이다. 대통일 이론은 150억년 전 BIG BANG의 역사까지 거슬러 올라가는 직업에 절대 불가결한 것이다.

소립자의 연구는 BIG BANG 후로부터 우주진화를 역으로 더듬어 올라간다. 무관하다고 생각되었던 소립자가 우주와 연결되었다. **소립자의 연구는 우주 수준의 고고학이라 말할 수 있다.** 탄생 직후의 우주는 쿼크와 랩튼의 구별이 없었고 오직 하나의 힘만이 작용하였다. 우주가 팽창하고 온도가 내려감에 따라 중력, 강력, 전자기력, 약력이 구별되어 나간 것이다. 소립자에 대한 표준이론이 따르는 우주론은 우주의 탄생과 진화의 시나리오를 기술할 수 있게 하나 이 이론으로써도 설명되지 않는 일이 아직 많다.

물질의 궁극적인 입자를 안다는 것은 인간에게 가장 기본적인 중요성을 가지고 있으나 이것이 해결될 때 우리 스스로가 누구이며 어디로 가고 있는지를 알게 될 것이다.

물질은 무엇 때문에 존재할까? 언젠가 우리의 후손들은 이 문제를 풀게 되겠지….

양자역학(quantum theory)의 세계

　양자역학을 쉽게 풀이하며 쓴 '세끼 히데오' 씨의 『4차원의 세계』에서 발췌하여 보았다.

　물질이란, 몇 종류의 원자가 결합하여 만든 분자의 집합체이다. 즉, 물질의 성질을 가진 물질의 최소 구성단위는 분자가 된다. 물질의 최소단위가 원자라는 개념을 주장한 사람은 기원전 470년 전의 데모크리토스로서 그는 물질을 세분화해 가면 더 이상 세분화할 수 없는 입자에 도달한다고 했으며 이 입자를 원자(atom)라고 명칭하였다. 이 가설은 근대유럽 과학자들의 지지를 얻어 마침내 18세기 무렵 달톤의 원자가설이 이루어졌다.

　1909년 러더포드는 (+)전하를 가진 원자핵을 중심에 두고 (−)전하를 가진 전자들이 도는 모양의 원자모양을 제창

했고 뒤이어 그는 원자 핵 속에서 양자(porton)를 발견하였고, 1932년 채드윅은 원자 속에 양자와 같은 무게이지만 전기적으로는 중성인 중성자를 발견하였다. 20세기 전반부에 전자, 중성자, 양성자가 더 이상 세분할 수 없는 물질의 근본요소(소립자)라고 믿게 되었다.

자연계에는 원자가 100여 종류가 있는데 이렇게 여러 종류의 원자가 나타나는 이유는 원자핵내의 양성자 수 때문이다. 양성자 수가 하나인 것이 수소이고 둘인 것은 헬륨, 셋은 리듐이 된다.(원자의 원자번호는 양성자의 수를 말한다.) 20세기 후반 들어 가속기가 발달함으로써 새로운 입자가 속속 발견되었는데 우리가 알고 있었던 소립자는 다시 몇 개의 기본적인 입자로 조립된 것이 아닐까 하고 생각하게 되었고 이와 같은 기본적인 입자를 쿼크라고 명명하게 되었다. 그러나 미래에는 이 기본입자 속에 더욱 근원적인 입자가 발견되지 않으리란 법은 없을 것이다.

이상으로 소립자의 역사를 간단히 소개하였는데 그렇다면 소립자는 어떠한 성질을 갖고 있을까?

소립자는 우리의 상식을 넘어 이상야릇한 성질을 갖고 있는 것으로 알려졌다. 소립자는 어떤 때는 파의 모습으

로, 어떤 때는 입자의 모습으로 나타난다는 것이다. 파와 입자는 양극단의 상반되는 성질을 가지는 것이므로 실로 묘한 이야기가 된다. 쉽게 이야기하자면 크기가 1조 분의 1센티인 소립자가 운동을 하면 샤프한 궤도가 그려지지만 소립자가 파라면 그것은 넓은 공간이 된다. 이 두 성질이 소립자의 성질이라 한다. "빛의 파인가, 입자인가?"라는 논쟁이 한때 계속되었는데 모든 소립자는 입자이면서 파라는 설명으로 논쟁은 끝이 나게 되었다.

원자의 구조는 어떻게 되어있을까? 원자의 구조를 안다는 것은 불가능하기도 하다. 왜냐하면 소립자는 파의 입자의 모습을 가지므로 우리가 상식적으로 그리는 구조와는 전혀 이미지가 다른 것이다. **그러나 현대물리학은 양자역학**(quantum theory)**이라는 이론으로 그 구조를 완전히 알게 되었다.**

일반 사람들은 그들이 교과서에서 보았듯이 태양계의 구조와 유사한 원자의 이미지를 그리고 있으나 그것은 어처구니없는 잘못이다. 가장 큰 잘못된 생각은 전자는 같은 궤도를 돌지 않으며, 또 어떤 궤도도 돌지 않는다는 것이다. 뉴턴의 역학에서는 물체의 운동은 일정한 법칙을 바탕으로 행해진다. 그래서 일정한 궤도를 그린다는 것이 우리의 상식으로 되었다. 그러나 핵 밖의 전자는 운동을 하지만 일정한 궤도가 없다. 유령처럼 여기저기 동시에 존재하는 운동을 하는 셈이다.

이와 같은 괴상한 현상이 바로 자연의 본질이라고 설명한 사람이 독일의 물리학자 하이젠베르그이며, 이와 같은 현상을 불확정성 원리(uncertarnity principle)**라 하였다.** 그는 "물체의 속도와 위치를 동시에 정확하게 측정할 수 있다는 뉴턴 역학의 견해는 잘못이다. 자연의 성질은 물질의 위치와 속도를 동시에 정확하게 측정할 수 없다는 데 있다. 그러므로 물체의 미래운동은 아무도 예측할 수 없다."라고 하였다. 그러나 이것은 초감각적인 소립자의 세계에 영향을 줄 뿐이지 인간이 감각할 수 있는 크기의 물체의 세계에는 문제가 될 만큼 영향을 나타내지 않으므로 안심하고 살으시라…!

그 이유는 다음과 같다. 입자의 성질이 파도의 성질로 바뀌는 정도(시간)는 프랑크 상수/입자의 양이다. 축구장에서 축구공이 양자 현상에 없을 것이다. 축구공은 큰 무게(질량)를 가지고 있으므로 파동으로 바뀐 시간 간격은 일 초의 천억의 천억 배의 또 천억 배로 나눈 정도의 찰나의 시간이기 때문이다. 전자의 위치와 속도를 우리는 측정할 수 없단 말인가?

그렇지 않다. 하이젠베르그는 한 걸음 더 나아가 이 자연의 성질을 파악함으로써 우리가 이 이상 정확하게 알 수 없다는 한계를 발견하였다. **물질에 대해서 정확한 위치와 속도를 알 수 있다는 사람들의 진리를 버리고 정확성에 한계가 있는 위치와 속도를 생각해낸 것이다.** 그는 위치에 수반되는 부정확성의 정도와 속도에 수반되는 부정확성의 정도 사이에 어떤 관계가 있다는 것을 발견하였다.

(위치의 불확정성) × (속도의 불확정 범위) ≧ 일정한 값

즉, 위치의 불확정성과 소규도의 불확정성 사이에는 반비례의 관계가 있다.

(위치의 정밀도) × (운동량의 정밀도) ≧ 프랑크 상수(h)

이 프랑크 상수야말로 자연의 본질을 나타내는 극소세계의 신비로서 현대 물리학이 규명해낸 자연의 성립을 풀어

주는 열쇠가 된다. 즉, 자연은 두 양의 각각에는 제한을 주지 않고 단, 두 양의 곱이 어느 값 이하가 되는 것을 금한 것이다. 이것이 하이젠베르그의 불확정성 이론으로부터 이끌어지는 자연의 성질이며 프랑크 상수의 의미였다. 프랑크 상수가 존재하지 않는 다면 우주도, 인간도, 원자도 존재할 수 없다.

전자는 가속도 운동을 한다. 가속도 운동을 하는 전자는 전자가 파를 방출함으로써 에너지를 방출하는 것이 되고, 결국 에너지를 상실하고 운동속도가 떨어져 원자핵의 전기적 인력에 이끌려 핵내로 굴러 떨어지겠지만, 원자는 지금까지도 존재하며 우리도, 지구도 존재한다. 자기가 방출한 에너지를 자기가 흡수해서 영원히 운동을 계속한다, 그 작용을 일으키게 하는 것이 프랑크 상수라 믿어지는 것이다.

양자역학사 중에 나타나는 또 하나의 흥미로운 사실을 소개한다.

1928년 파울 디락은 (+)부호를 갖는 전자를 산출할 수 있었는데, 1932년 앤더슨은 우주선에서 전자와 질량은 같으나 (+)전기를 띤 입자, 즉 양전자(positive electron=positron)를 발견하였다. 그 후 우주선에서 반 양성자 반 중성자도 발견되었다. 그렇다면 반 양성자와 반 중성자로 원자핵을 이루고 그 주위로 양전자가 돌고 있는 반 원자가 만들어지고 이들이 모여서 반 물질(antimatter)로 이루어진 반 우주를 상상할 수 있게 된다.

물질과 반 물질이 만나면 그들은 완전히 소멸하게 되므로 빅뱅 수 초 후 반 물질에 비해 약간 많았던 물질이 현재의 우리의 우주를 구성하게 된 것이라고 생각된다. 또한 훨씬 먼 곳에 반 우주가 존재할 지도 모른다는 가상이 나온다.

현재 극미의 세계를 이론적으로 설명하는 최적의 무기는 20세기 초반 젊은 두 과학자 슈레딩거와 하이젠베르그가 창안한 양자역학(입자와 파동이라는 야누스의 두 얼굴을 가진 양자(quantum))**이라는 물질의 이동법칙이며 이것이 극미의 세계에서는 뉴턴의 운동방정식을 대신하고 있는 것이다.**

우리가 일반인들에게는 전혀 영향을 미치지 않는 극미의 세계를 고찰하는 것은 무슨 이유인가? 우리들의 가시적인 세계는 극미의 세계가 없다면 성립될 수 없는 것이며 또한 극미의 세계를 이해하지 않고서는 우리들의 세계를 충분히 이해할 수 없기 때문이다.

아인슈타인의 상대성 이론

　자연과학 역사상 천재 중의 천재로 일컬어지는 아인슈타인의 상대성이론을 모르고 지나쳐갈 수는 없는 것이다, 물리학도가 아닌 일반인이 그의 물리학이론을 이해한다는 것은 매우 어려운 일이다. 그러나 그것을 이해하지 않고서는 20세기를 이해할 수 없을지도 모른다. 그의 이론에 대한 수많은 해설 책이 나와 있지만 그것을 쉽게 이해하기엔 본인으로서는 역부족이었다. 다행히 '세끼 히데오' 씨가 쓴 『4차원의 세계』에서 그의 개념을 조금이나마 이해할 수 있었다고나 할까.

　아인슈타인의 상대성 원리는 도대체 무엇이기에 그렇게도 유명하고 왜 그를 천재라고 삼척동자도 운운하는가? 20세기 초반 상대성이론이 발표되었을 때 반신반의한 사람도 많았다지만 지금은 여러 과학자들에 의해 검증되었고 그의 생각이 옳았음이 판명되었다.

아인슈타인은 실험물리학자라기보다는 이론물리학자로서 그의 독창적인 사고력은 철학자적인 모습까지 보인다. 상대성 이론을 과학적으로 이해하는 것만큼 더 중요한 것은 한 인간의 관찰력과 상상력이 얼마나 대단한 것인가 하는 점과 일반사람들의 상식이란 것에 많은 허점이 있음을 일깨워 주는 데 있다. 우리는 우리가 배워온 전통적 사고 방식을 정반대의 방향에서 다시 한번 생각해보는 자세를 길러야 할 것이다. 우리의 오감에 근거하여 느끼고 알게 되고 믿게 된 것은 많은 허점이 있다.

특수 상대성 이론은 광속도 불변의 원리라는 법칙에서 출발한다. 빛의 속도는 사람들의 감각을 초월한 속도이므로 일상적인 문제가 되는 일은 거의 없다. 그러나 물체의 속도의 성질을 알고 나면 빛이 특이한 성질을 나타내고 있음을 알게 된다.

물체의 속도라는 것은 사람들은 그 속도를 비교하는 것이라 늘 생각한다. 고속도로의 자동차가 시속 200킬로라는 것은 도로 면에 대한 200킬로의 속도라는 뜻이다. 같은 고속도로를 시속 100킬로로 달리고 있는 차를 기준으로 해서 측정하면 앞서 달리는 시속 200킬로미터의 차의 속도는 시속 100킬로미터로 측정된다. 그러나 빛은 아무리 빠른 로켓으로 날아가면서 빛의 속도를 재더라도 항상 일정하다는 성질이 있다. 아인슈타인은 이러한 빛의 불가사의한 성질을 설명하기 위해서 상식적인 시간과 공간의 사고방법을 수정해서 새로운 사고방법을 제시하였다.

1905년 발표된 특수 상대성 이론을 쉽게 이야기하자면,

1) **아무리 강한 힘을 가하더라도 물질은 어떤 속도를 넘어설 수 없다. 그 절대속도는 초속 약 30만 킬로미터인 빛의 속도다.**
2) **물체가 고속이 되면 짧고 무거워진다. 즉 형태와 무게가 바뀐다. 또한 시간의 경과도 느리게 된다.**

즉, 거리(공간)와 시간이 처음에 있어서 속도라는 물리량이 유도된 것이 아니고 처음의 일정한 광속도가 있어서 그 절대성을 바탕으로 시간과 공간의 성질이 정해진다는 생각이다. 그러므로 공간이 수축되거나, 질량이 늘어나거나, 시간이 단축되는 성질이 우주에서 발생한다는 뜻이다. **다**

시 말해 오늘날의 우리들은 속도의 절대량을 잃게 되었고 지금까지 굳게 믿었던 시간과 공간의 절대성을 포기하지 않을 수 없게 된 것이다. 그리하여 새롭게 알게 된 우주는 시간과 공간이 늘어났다 수축했다 하는 세계가 된다.

특수 상대성이론은 등속도 운동의 경우에 대해서만 생각한 것이었는데, 1915년 이 이론을 가속도 운동의 경우에도 성립할 수 있도록 이론적으로 확장하여 일반 상대성 이론을 발표하였다. **어렵기 짝이 없는 일반 상대성 이론을 결론적으로 말하자면 우리의 우주공간은 휘어져 있다는 것이다.**

아인슈타인은 전자기력, 인력, 관성력 등 물체에 힘이 작용하는 모든 현상을 모두 공간의 상태가 원인이라고 생각했다. 지구 위의 물체에는 하향력이 작용하고 있는데 뉴턴은 이러한 현상을 지구가 물체에 힘을 미치고 있는 만유인력 때문이라고 하였지만 아인슈타인은 지구나 태양 주위의 시공간이 찌그러져 있기 때문에 낙하하는 것이라고 설명하였다.(찌그러짐의 원인은 중력장 때문이다.) 뉴턴은 두 물체 사이에는 만유인력이 무한한 속도로 전해진다고 생각했지만, 아인슈타인은 만유인력이 물체 사이에 작용하는 데는 시간이 걸린다고 하였다. 왜냐하면 만유인력이란 공간의 휘어짐이기 때문에 공간의 휘어짐을 전하는 데 시간을 요하기 때문이다.

뉴턴은 태양과 행성에 작용하는 만유인력의 힘의 세기는 행성의 운동에는 관계없고 다만 두 물체 사이의 거리에 의해 결정된다고 생각하였지만 아인슈타인은 두 물체의 한쪽에 대한 상대속도가 영향을 미친다고 생각했다.

뉴턴의 만유인력으로는 설명할 수 없었던 수성 근일점이동이라는 수수께끼의 천체형상을 아인슈타인의 이론이 설명할 수 있음을 보여주었다. 그 후 여러 가지 실험에서도 그의 이론이 사실임이 입증되어 이제 아무도 그의 이론을 부인할 수 없게 되었다. 아인슈타인의 이론은 시간과 공간의 절대적 개념을 깨뜨리는 혁명적 사고였다. "물리학에서 가장 중요한 것은 풍부한 상상력과 실험결과를 너그럽게 받아들이는 일이다."

아인슈타인은 거시의 물질세계를 이해하는 데 큰 공헌을 하였으며 양자역학을 연구한 물리학자들은 극미의 물질세계를 이해하는 큰 역할을 하였다. 아인슈타인의 상대성 이론 없이 우주의 구조를 말할 수 없으며 양자역학 없이 원자의 세계 속으로 들어갈 수 없는 것이다.

우주 창생과 구조

이 글은 RICK GORE(NATIONAL GEOGRAPHY)의 감동적인 글을 기초로 하여 구성하였다.

우주란 무엇인가?

밤하늘의 별은 항성과 행성으로 나누어진다. 항성은 위치를 바꾸지 않고 별자리를 형성하는 별이며 행성은 우리의 지구처럼 항성 주위를 돌고 있는 별이다. 항성은 뜨거운 가스의 집합이며 끊임없이 빛을 낸다. 태양계가 속해있는 은하계(은하수)의 지름은 10만 광년(광속도로 날아 10만 년 걸리는 거리)이고 두께는 3000~5000광년 정도이다. 광속도의 97%를 내는 광자로켓을 타고 75년간 비행하여도(로켓 안에서는 300년) 300광년밖에 갈 수 없다니 은하계 밖으로 나간다는 것은 현재로선 꿈같은 이야기이다.

은하계 전체에는 1000억 개 이상의 태양(항성)이 있다고 추산되며, 은하계와 같은 크기의 성운이 대우주 속에 1000억 개 이상으로 있을 것으로 추정한다면 우주 전체의 별의 수는 상상할 수도 없다. 우주의 탄생과 구조에 대한 의문에 대하여 과학적인 대답을 하게 된 것은 90년 전부터이다. 우주의 구조는 20세기 초 아인슈타인에 의해 비약적으로 변화하게 되었다. 아인슈타인의 일반 상대성 이론에 의하면 우주공간은 휘어져 있다는 것이다. 이 가설은 그 후 확인되었다.

허블은 '별과 우주'라는 저서에서 우주공간은 일반상대성이론에 바탕을 두고 팽창해가고 있다고 주장했다. 1929년 허블은 성운에서 오는 빛이 조금씩 붉은 기가 도는 것을 발견하였다. 이것은 '적색편이'라고 불리는 현상으로서 성운이 지구로부터 조금씩 멀어지고 있다는 뜻이며 우주가 동적인 공간에 있음을 제시한다. **우주팽창설은 우주에게도 탄생이 있다는 것을 알려주었다.**

현재의 우주가 수축한다고 가정하다면 우주탄생일을 계산할 수 있게 된다. 허블은 50억 년으로 계산했다. 오늘날의 천문학자들은 우주탄생을 150억 년 전으로 계산하고 있다. <u>1964년 두 번째 중요한 관측은 우주의 모든 방향이 존재하는 3K복사선</u>(K: 절대온도: -273℃)<u>으로서</u> 이것은 시간과 공간, 물질과 에너지를 탄생시킨 초고온성 폭발의 흔적으로 해석되는 것이다.

즉, 우주가 팽창하고 있다는 것과 우주의 잔광이 존재한다는 것은 과거로 거스르면 우주는 최초에 초고온, 고밀도, 극미의 어떤 불덩어리였다는 결론에 귀착한다. 다시 말해서 우주는 과거의 유한한 시간에 고 밀도 상태에서 폭발적으로 팽창(냉각)되어 팽창속도가 점점 느려지면서 현재의 모습이 되었다는 주장이 **빅뱅**(BIG BANG) **우주모델이다.** 빅뱅 후 **시간, 공간, 에너지가** 형성되고 다양한 **소립자**(물질)**가** 탄생한 것이다. 소립자 연구가 근년에 급속히 발전된 덕분에 학자들은 고온, 고밀도의 태초의 세계를 연구할 수 있게 되었다. 현재의 우주는 차갑다.

가속기를 이용하여 고 에너지 상태를 만들면 초기우주에서 일어나는 소립자 현상을 재현할 수 있다. 소립자 반응을 일으키는 것은 결국 우주탄생 직후에 초고온 에너지 상태에서 일어났던 일을 재현하는 것이다. 그래서 소립자의 연구는 우주의 고고학이라 할 수 있다.

아직도 많은 난제가 가로놓여 있지만 물질과 우주에 대한 계속되는 연구와 실험에서 상상을 초월하는 세계가 있을지 모른다는 설렘이 있다. 이론 물리학자들은 아인슈타인의 통찰력과 수학에 힘입어 우주의 기나긴 여정을 소급하여 빅뱅 직후 10^{-43}초까지 계산해 내었다. 소수점 뒤에 42개의 0에 1이 붙은 시간(0.000 - - - - - - 1) 즉, 10^{-43}초 전에는 무엇이 존재했을까?

우주는 원자보다도 훨씬 작은 공간에 수축되어 있었다고 한다. 우리가 알고 있는 물질은 생성되지 않은 상태이며 순수하고 뜨거운 에너지 상태였다. 그 후 시공의 구조가 형성되기 시작했다.

초고온에서는 전자기력과 강력과 약력이 하나의 단일한 힘으로 통일된다고 예측된다. 초고온이 팽배한 10^{-43}초에는 중력 역시 유일한 힘의 일부였을 것이라 추정된다. 물리학자들은 이 궁극적인 통일을 설명할 만큼 중력을 완전히 이해하지 못했기 때문에 10^{-43}초의 장벽을 뛰어넘지 못했다. **우주가 탄생한 지 10^{-44}초 후 우주는 급격히 팽창하기 시작하였는데 그 팽창은 거대한 폭발이었던 것 같다. 이러한 상태를 빅뱅이라 한다.**

빅뱅을 일으킨 우주는 10^{-32} K(절대온도), 상상도 할 수 없는 고온이다. 빅뱅의 시작과 함께 시간과 공간의 물질이 구별되게 된다. **10^{-36}초 후에는 진공의 상전이**(GUTS 전이)**라는 대 사건이 이루어나면서 비정상적 팽창을 하였다. 진공**(GUTS)**의 공간에서 결정화가 개시되면 내포된 에너지가 기포를 밀어내면서 엄청나게 팽창한다는 것이다.**(기포 내의 진공이 결정이 됨) 즉, 진공이 상전이 하면 우주는 급격히 팽창한다. 상전이 이전의 진공은 높은 에너지를 갖고 있는데 이 에너지가 반발력으로 작용하여 우주공간을 급격히 팽창시켰다. **이것을 우주 인플레이션 이론이라 한다.** 즉, 인플레이션 우주론이 10^{-36}초에서 10^{-32}초까지의 짧은 시간에 우주를 극적으로 팽창시켰다고 알란 구스 등은 주장한다.

대통일 이론과 진공의 상전이 이론을 토대로 현재의 우주모델이 제시된다. 우주탄생 초기에는 오직 한 가지 힘만이 존재했었다고 가정한다. **우주가 팽창하며 식어감에 따라 중력, 강력, 약력, 전자기력 순으로 분화되었고 이 4가지 힘의 작용에 의해 물질이 만들어지고 우주는 진화되었다.** 현대 물리학자들은 4힘이 기원이 같은 하나의 힘으로 통일될 수 있다고 믿고 있으며 이것을 '**대 통일 이론**'이라고 부른다. 우주탄생 10^{-43}초 후 우주를 채웠던 빛에서 X

입자라고 불리는 소립자와 그 반입자가 만들어졌고 10^{-34} 초에는 X입자와 반X입자가 붕괴되고 현재의 물질의 최소 단위 소립자인 쿼크와 랩톤 그리고 그들의 반입자가 만들어졌다.

입자와 반입자는 서로 만나면 소멸되어 에너지로 되돌아간다(쌍 소멸) 우주온도가 내려감에 따라 쿼크와 반 쿼크, 랩톤과 반 랩톤도 쌍 소멸하기 시작했다. X입자와 반X입자는 단독으로 붕괴하니 각각 쿼크와 반 쿼크가 된다. 이 반응 속도가 약간 달라졌기 때문에 X입자와 반X입자 수에 차이가 생겼고, 따라서 쿼크와 반 쿼크에도 수의 차이가 그대로 이어졌다. 쿼크와 반 쿼크도 짝으로 소멸하고 쿼크만이 남게 되었다. 강력이 분화되면서 그 결과 강력이 작용하는 쿼크와 작용치 않는 랩톤의 구별이 생겼다. 약력과 전자기력이 갈라지고 랩톤에 속하는 전자와 뉴트리노가 구분되었다.

우주탄생 10만 년에서 50만 년 이후(온도 1만 K-4000K) 전자는 원자핵 주위를 돌기 시작하였고, 이로서 원자가 형성되어 쓰며 광자와 전자의 충돌이 없어지면서 빛이 전자에 의해 산란으로부터 벗어나 우주공간을 직진하게 되니 우주의 칠흑과 가은 공간에 별빛이 빛나기 시작하였다. **물질의 밀도가 높은 영역에선 자체의 중력으로 수축하여 하나의 덩어리가 되었고, 그 속에서 은하가 탄생되며 밀도가 낮은 영역은 빈 공간을 만들었다고 보고 있다.** 현재의 우주모델은 힘의 성쇠의 역사로 파악되고 있다.

우주의 종결

우리가 살고 있는 우주의 미래는 어떻게 될 것인가?

이에 대한 해답은 인류의 미래와도 연결된다. 우주의 미래는 우주가 영원히 계속하여 팽창하는가 아니면 어느 시점까지 팽창한 후에 수축하게 될 것인가에 달려있다. **만일 빅뱅의 에너지가 우주 전체 중력보다 크거나 같으면 우주는 영원히 팽창할 것이며, 만일 중력이 우세하다면 빅뱅의 팽창은 그치게 된다.** 혹시 우리가 알지 못하는 메커니즘이 작용하여 수축과 팽창의 주기적 우주가 될지도 모른다.

일반 상대성 이론에 따르면 우주의 평균밀도가 어떤 특정한 값보다 클 경우에는 자신의 중력 때문에 팽창을 멈추고 수축한다고 한다. 우주의 평균밀도가 그 값과 같거나 작으면 우주는 영원히 팽창한다고 한다. 우주의 운명을 갈라놓는 이 밀도를 '임계밀도'라 한다. 우주의 운명은 우주를 채우고 있는 물질의 밀도가 임계밀도($1cm^3$ $10^{-29}g$)보다 큰가 작은가에 달려있다는 뜻이다.(1,000liter에 양성자 3개가 존재하는 정도)

우주의 임계밀도는 이론적으로 계산해 낼 수 있지만 우주의 평균밀도는 관측에 의해 알 수 없기 때문에 정확한 값을 구하기가 매우 어렵다. 우주가 너무 조밀했다면 결국 붕괴되었을 것이고, 반대로 너무 희박했다면 별이나 은하는 형성되지 못했다. 붕괴되지도 않고 과열되지도 않고 오랫동안 팽창하려면 우주는 비범한 조화를 필요로 한다.

우주가 닫혀 있다면 영화필름을 역으로 돌렸을 때와 같이 우주는 뜨거운 불덩어리로 되돌아가게 되고 원자핵은 중성자와 양성자로 분해되고 더 나아가 이들은 쿼크로 분해된다. **만일 우주가 열려 있다면** 팽창은 영원히 계속되어 우주가 냉각되고 은하의 별들은 10^{-33}년 후 중심에 거대한 블랙홀만 남기고 죽은 별이 우주공간으로 흩어져 버리고 대 통일 이론에 따르면 10^{33}년 후에는 죽은 별들 속의 양성자도 붕괴된다. 별도 없어지고 최후에는 거대한 블랙홀만 남게 되며 10^{100}년 후에는 블랙홀도 증발해 버린다. 즉, 열린 우주의 미래는 암흑 이외에는 아무것도 존재하지 않는다. 결국 우주는 무에서 태어나서 무로 되돌아간다는 것이다.

그러나 **우주의 다중발생설을 믿는다면** 우리가 사는 우주의 밖에도 수많은 우주가 존재하며 그들도 생성과 소멸을 영원히 되풀이하고 있는 것이다. WHITE HOLE 이론에 따르면 우주는 우주를 낳고 그 우주는 또 새로운 우주를 낳는다고 한다.

현 우주의 구조

우주에는 1,000억 개 정도의 은하가 있으며, 그 각각의 은하에는 약 1,000억 개 정도의 별이 있다고 한다.

은하는 우주를 구성하는 기본적인 요소이다. 은하는 형태에 따라 나선은하(우리가 속해있는 은하가 대표적인 나선은하), 타원은하, 불규칙은하 등으로 분류된다. 은하는 집단을 형성하는 경향이 있는데, 지름 150만 광년가량의 영역에 모여있는 구조를 '**은하군**'이라 하고, 1,000만 광년가량의 영역에 모여있는 구조를 '**은하단**'이라 한다. 은하단에 연결되어 이루어진 1억 광년 규모의 '**초은하단**'이 분포되어 있으며 초은하단과 같은 정도의 범위를 가진 은하가 거의 없는 '**공동(VOID)**'이란 영역이 발견되었다. 즉, **초은하단과 공동이 복잡하게 얽혀져 상상하기 어려운 우주의 대 구조를 이루고 있다.**

지구의 표면은 3차원 공간 내의 2차원 구면이다. 지구의 표면은 2차원이다. 지구의 크기(표면적)는 유한하지만 끝은 없다. 왜냐면 지구 표면의 어디에서 출발하여도 계속 한 방향으로 나가면 결국 출발점으로 되돌아오기 때문이다. 즉, 지구는 끝이 없는 2차원의 공간이다.

일반 상대성 이론을 우주에 적용시키면 우주는 끝이 없는 3차원 공간이다. 우주의 크기가 유한하더라도 우주는 끝이 없는 공간으로 존재하게 된다. 3차원의 공간은 2차원에 높이를 더한 것으로 동서남북, 상하 어디로 나아가도 마침내는 출발점에 되돌아오는 공간이다. 이와 같은 공간을 '닫힌 공간'이라 하는데 우주공간도 이처럼 끝이 없는 닫힌 공간일지도 모른다.

칼 세이건 박사는『코스모스』란 저서에서 다음과 같이 상상하고 있다.

"3차원의 세계로 구부러져 있는 4차원의 우주에는 중심이라고 하는 것은 없다. 적어도 공의 표면에는 중심이란 없다. 즉 우주의 중심은 우주 가운데 존재하지 않으며 접근할 수 없는 4차원의 세계 즉, 공의 안에 있다. 공의 표면적은 일정하지만 우주에는 끝이 없다. 즉 유한하지만 경계가 없다.

우주에는 무한한 표층이 있기 때문에 전자와 같은 소립
자도 그것을 꿰뚫어 볼 수만 있다면 그 자체가 완전히 폐
쇄된 하나의 우주라는 것을 알 수 있을 것이다. 그 안에 있
는 은하나 별들은 기본을 이루고 있는 소립자들이 존재하
여 그와 같은 소립자들도 다음 단계의 우주를 가진다. 이
와 같은 일이 영구히 계속된다.

우주 안에 우주가 있다고 하는 아래로의 무한한 반복이
끝이 없이 계속 되듯 그 위로도 이와 같은 일은 마찬가지
고 반복된다. 우리가 잘 아는 우주는 다음 단계의 보다 큰
우주 안에 들어있는 한낱 소립자에 불과하며 그것은 무한
히 위로 계속되는 표층의 첫 단계일 것이다. 어떤 우주에
들어가려면 우주는 어떻게 해서든지 4차원의 물리적 세계
를 통과하지 않으면 안 된다.”

은하계

우리 인간이 살고 있는 지구란 별은 태양이란 항성을 돌고 있는 행성의 하나이다. 태양과 지구가 속해 있는 별의 무리들을 우리는 태양계라 한다.

왠만한 사람이면 태양계에 대해선 잘 알고 있다. 그러나 우리는 태양계를 넘어서 끝없는 미지의 공간에 대하여 호기심을 갖지 않을 수 없다. 태양계로부터 가장 가깝게 위치한 항성은 센타우르스 자리의 '알파'별로서 태양으로부터 4.3광년의 거리에 있다. 1977년에 출발한 보이저호가 거기에 다다르는 데에는 약 2만 년이 걸릴 예정. 태양으로부터 10광년 이내의 거리엔 7개의 별(항성)이 존재한다. 눈을 높이 들어 우리 태양계에 속해있는 은하계를 생각해 보자.

은하계의 모양은 나선 원반형으로 위에서 쳐다보면 회전

하는 원의 형태이며, 옆에서 바라보면 볼록렌즈 모양으로 그 중심의 두툼한 부분을 '벌지'라고 하는데, '벌지'로부터 은하계의 가장자리까지는 5만 광년으로서 은하계의 지름은 10만 광년이다(원반의 두께는 1만 5,000광년)

태양계는 은하의 중심으로부터 2만 8천광년 떨어진 곳에 위치한다. 지구가 태양을 중심으로 회전하듯이 은하계 내의 1,000억 개 이상의 별들이 은하의 중심을 회전하고 있다. 즉, 태양도 은하계를 공전하고 있는 것이다. 공전의 속도는 초속 약 2,00Km로서 2억 년에 걸쳐 1회전하므로 우리 은하계의 1년은 2억 년이다. 은하계의 나이는 100억 년으로 추정된다.

은하계 속에서는 별들의 탄생과 성장과 사망이 계속되고 있다. 즉 '성간 가스'에서 그 밀도가 높아짐에 따라 성간 분자운이 형성되고 이것은 '원시별 가스원반'의 형태를 거쳐 별(태양)**이 된다.** 별은 수십억 년 후 사망을 맞게 되는데 질량의 크기에 따라 블랙홀이 되기도 하고 중성자별이 되기도 하며 어떤 것은 죽은 별이나 성간 가스로 환원된다.

별과 성운으로 가득 찬 은하계의 주위에는 무엇이 있는가?

은하계 탄생과 같은 시기에 생성되어 은하계를 둘러싸고 있는 것처럼 둥글게 분포되어 있는 별들의 집단들을 '**구성성단**(STAR CLUSTER)'이라 한다. 우리 은하계와 가장 가까운 은하는 대, 소 마젤란 은하로 이들은 우리 은하계의 주위를 돌고 있으며, 서로 인력을 작용하고 있다. 우리 은하계로부터 약 200광년 떨어진 곳에 원반형의 안드로메다 은하가 있는데 인력에 의하여 서로 접근하고 있다.

반지름 300만 광년 안에 놓여있는 은하들을 '**국부은하군**'이라 한다. 그리고 지름 3억 광년의 우주를 '**국부 초은하단**'이라 하는데, 이 안에는 50여 개의 은하군이나 은하단이 있다. 지금 5억 광년인 우주를 '**초은하단 집단**'이라 하고, 이 초 은하집단은 우리 공간에 비누거품 구조처럼 분포되어 있다.

별의 일생

아래 글은 RICK GORE의 글을 많이 인용하였다.

밤하늘의 별들도 인간과 마찬가지로 생성과 소멸이 있다. **별은 가스에서 태어나고 다시 가스로 되돌아간다. 우주의 물질은 순환하고 있다.** 우주의 공간에는 많은 가스와 먼지가 있는데, 이러한 성간 물질은 우리 은하질량의 10%를 차지한다. 성간 물질의 90%는 **암흑성운이라** 불리는 고밀도의 저온 가스운에 존재한다. 암흑성운 안에서 별이 탄생하는 모습이 1980년대에 발견되었다. **암흑성운의 일부는 자신의 중력으로 수축하면서 거대한 가스 원반을 형성한다. 이윽고 원시별이 형성되고 그것이 충분한 질량을 갖게 되면 빛을 발하는 별이 된다.**

(1) 태양질량의 1/10보다 작은 경우에는 수명을 다한 후 **갈색 왜성(BROWN DWARF)이** 된다. 이들은 큰 별보다 긴 수명을 갖게 되는데, 100~1000억 년 정도이다.

(2) 우리의 태양과 같은 질량을 가진 별의 일생은 어떠한가. 별의 중심부에서 수소를 연소시키면서 헬륨이 생기고 결국 중심부의 수소가 고갈됨에 따라 헬륨만이 남게 되어 중심핵이 수축하면서 더욱 뜨거워지고 바깥 층이 팽창하면서 '적색거성'이 된다. 순수한 헬륨으로 세워진 중심핵은 핵융합을 시작하여 에너지를 방출하면서 수천 년 동안 맥동하게 되고 최후엔 헬륨 중심 핵도 붕괴 융합하여 탄소로 변하면서 바깥 층은 떨어져 나가도 결국 서서히 식어가는 '**백색왜성**(WHITE DWARF)'이 된다. 이러한 별들의 평균 수명은 100억 년으로서 우리의 태양은 현재 약 45억 년으로 추정되는바 중간과정 단계에 있다.

(3) 태양질량의 10배정도의 별은 초기상태는 비슷하지만 별의 수명은 훨씬 짧다. 거대한 중력으로 중심부에서 핵융합 반응이 급속히 진행되어 최후에는 엄청난 폭발과 함께 강렬한 빛을 발산하는데, 이것이 바

로 그 유명한 **'초신성폭발'이다.** 폭발 후 중심핵은 **중
성자만으로 구성된 중성자별이 된다.**

(4) 태양질량보다도 30~50배 되는 별의 수명은 더욱 짧
아 연료가 모두 소모되면 자체의 중력에 대항하여 중
심핵을 지탱할 수 없게 된다. 결국 별은 붕괴되어 빛
도 탈출할 수 없는 **블랙홀이 된다.**

생명의 탄생

위에서 우리는 우주의 탄생과 별(항성)의 탄생과 죽음을 보았다. 빅뱅 이후 약 150억 년가량 지났는데, 지금으로부터 약 50억 년 전후하여 태양계가 형성되었다고 한다. 은하계의 나선형 팔의 한곳에서 거대한 분자구름이 붕괴되고, 원반모양이 되어 나선형태로 선회하면서 중심부가 점차 가열되고 농축되고 원시태양으로 결집되었다. 성운 내의 먼지나 얼음은 서로 합쳐지면서 소행성 크기의 소유성체가 되고, 이들은 충돌과 집합을 반복하면서 점차 커졌고, 드디어 지구는 자신의 질량과 부피를 갖게 되었다. 거대한 천체의 중력장은 점차로 태양계 내부의 구조와 질서를 안정시켰다. 가스와 먼지는 행성을 더욱 성장시켰고 태양계 안쪽으로 소용돌이쳐 들어가 태양의 핵심에 농축, 응축되었다. 마침내 거대한 핵 용광로인 태양이 탄생되었다. 자구의 탄생은 지금으로부터 약 **46억 년** 전쯤으로 추정된다.

생명의 기원은 언제쯤이었을까?

가장 오래된 미생물 화석이 나온 지층의 연대를 고려하면 약 **35억 년** 전으로 추정된다. **45억년과 35억 년 사이의 10억 년 동안을 물질에서 생명으로 발전된 시기로 보며, 이 동안을 화학진화**(무기물로부터 간단한 유기물로)**기간이라 한다.** 지구의 입장에서는 45억년 전은 우주진화의 기간이며 화학진화 이후는 **생물의 진화기간이다.**

초창기의 지구는 무거운 물질은 중심부로 가라앉고, 가벼운 물질은 표면에서 냉각되고 굳어져 암석이 되었다. 화산활동으로 용암이 분출되어 지표를 덮었고, 방출된 수증기는 식어서 비가 내렸다. 그 주성분은 수소, 이산화탄소, 질소, 암모니아, 메탄 등이 소량 존재하였다. 산소는 거의 없었다. 지구 속에 섞여 있던 수분 역시 지구표면으로 쫓겨 나왔고, 방출된 수증기가 섞여 비가 내렸고, 지표면에 물이 고였고, 점차 깊은 물이 이루어지면서 바다 탄생의 시초가 되었다고 추정 중이다.

생명의 탄생에는 대기와 에너지가 전제조건이 된다. 천

등, 태양의 자외선, 우주의 방사선 등의 에너지로 인하여 대기중의 기체가 서로 반응하게 되었고, **생명의 근원이 되는 아미노산**(단백질의 재료)**과 염기, 당, 인산**(핵산의 재료) **등의 화합물을 만들어 냈다고 본다.** 이러한 유기물들은 빗 속에 녹아 바닷물 속으로 축적되었다. 오파린은 이것을 "최초의 세계적 수프"라고 하였다.

　생명이 태어난 곳은 바다였다. 대기 중에서 만들어진 유기물은 비에 녹아 바닷속에 퍼졌고, 이것들이 바닷속에서 반응하여 생명이 탄생된 것으로 믿어진다. 무기분자에서 유기분자의 생성이 실험실에서 쉽게 합성되었다. 그러나 그와 같은 유기물들이 지구상에 있다고 해서 생명은 쉽사리 탄생되지 않는다. 부품은 어떻게 배열하여 하나의 기능을 갖는 설계품이 된 것일까?

　생명의 3요소는 단백질, 핵산, 막이다. 원시 수프 속의 **핵산 염기는 당, 인산과 결합하여** 뉴클러오티드가 되었고, 뉴클러오티드는 집합하면서 연결되었다. 이런 분자 속에서 특수한 기능을 가진 것이 생겼다. 즉, 자신의 힘만으로 사슬을 절단하거나 연결할 수 있는 **리보자임 RNA가 그것이다.** 리보자임 RNA는 자손을 남길 수 있는 능력을 획득하게 된 것이다. (진화과정 후기에는 과학적으로 안정된 DNA가 RNA로

부터 만들어지고 유전성 보유물질로 등장) **또한 원시수프 속의 아미**

노산은 스스로 이어지면서 작은 단백질을 형성하였고 촉

매로서의 기능을 갖게 되었다.

단백질과 RNA가 어떤 계기로 협력하면서 새로운 기능을 가진 원시 RNA 단백질 생명이 탄생되었다고 본다. **RNA는 유전정보를** 지배하게 되고 **단백질은 화학반응의 효소로서** 구실을 하게 되었다. RNA 정보에 따라 단백질을 효소로 하여 반응하는 생명이 생기게 되면서 진화는 더욱 가속되었을 것이다. 생명의 역사에 일대 전기를 이룩한 **세 포막이** 출현하였다. 세포막은 필요한 물질을 들여오고, 불필요한 물질을 내보내 세포를 유지시키는 기능을 가진다.

원시세포의 모델로는 오파린의 코아셀베이트, 폭스의 마이크로스퓌어가 유명하다. 오파린은 아미노산과 염기·당·인산이 결합한 핵산과 같은 고분자 화합물이 녹아있는 원시 바다를 최초의 세계적 수프라고 표현하였다. 이 수프 속에서 이들 화합물과 물로 구성된 콜로이드가 생겼고, 콜로이드가 발달하여 코아셀베이트가 되었는데, 그것이 표면에 막을 가짐으로써 주위의 물과 독립된 덩어리가 되었다는 것이다. 이것이 물질대사를 하게 되었고 핵산의 작

용으로 자기복제를 시작하여 마침내 원시세포로 발전하게
되었다는 견해이다.

 핵산, 단백질, 막 성분으로 원시세포가 탄생되고 **원시세
포는** DNA를 유전자의 본체로 하는 원핵생물로 진화하였
다. 광합성 하는 **원핵생물이** 나타나 산소가 만들어지기 시
작하자 산소에 손상되는 DNA를 보호하기 위하여 세포 속
에 핵막이 만들어지고 그 속에 DNA를 보관하는 **진핵생물
로** 진화되었다.

 마침내 **단세포 생물은** 집단화하여 **다세포 생물로** 진화하
였다. 생물의 세포 속에서 이루어지는 에너지 대사구조는
박테리아로부터 고등생물에 이르기까지 기본적으로 같으
며, 에너지 대사의 주역은 효소라는 촉매인데, 이 효소의
본체는 단백질이다.

 **생물은 유전현상을 통하여 효소나 세포막을 구성하는 단
백질을 만드는 정보를 가지고 있고 그 정보는 자식에게 넘
겨진다.** 하나의 유전자는 하나의 유전을 장악하고 있다.
즉, 하나의 유전자는 하나의 효소 단백질을 만들기 위한
설계도이다. 다시 정리하면,

① 효소 촉매의 본체이며, 막 등의 세포구조를 만드는
   단백질

② 유전자의 본체인 **핵산**

③ 세포벽이나 막이 구성성분인 ***다당류가*** 생명현상의 주
   역들이며 그들이 서로 협력하여 고능률의 화학계 즉,
   생명을 이룩한 것이다.

그러나 아직도 생명탄생에 있어서 핵산이란 배선도와 단
백질이라는 배선공이 어떻게 만날 수 있었던가는 커다란
의문점이다. 일부 학자들은 그와 같은 확률은 존재할 수
없다고 한다. 많은 연구자들이 생명탄생의 연구에 몰두하
였지만 아직도 시원한 답이 없고 앞으로도 얼마나 걸려야
단서를 찾을 수 있을지 말할 수 없다.

생명을 지배하는 이중나선구조(DNA)

유전자의 본체가 핵산임을 밝혀졌고, 핵산의 구조가 1953년 규명되었다. 신만이 알 수 있었던 생명의 신비가 DNA의 연구로 밝혀지게 되었다. **생명연구의 핵심은 유전법칙을 지배하는 유전자의 존재를 증명하는 것이다.**

1800년 초 오켄이 현미경을 이용하여 세포의 존재를 확인, 1830년대경 슐라이덴이 모든 식물이 세포로 이루어졌다고 발표, 동물학자 슈반은 모든 동물이 세포로 이루졌다는 연구결과를 발표하여 세포설이 등장. 1842년 네겔리아는 현미경으로 세포의 핵 속에 실처럼 생긴 염색체를 발견. 1920년경 포일겐은 염색을 하여 염색체를 선명하게 볼 수 있게 되었다.

먼 거리에 있는 별을 망원경으로 알아내듯, 현미경이 없었다면 눈으로는 볼 수 없는 세포를 알 수 없었다.

1860년초 멘델의 유전법칙이 발견되었고, 유전의 주체가 무엇인지는 의문으로 남겨졌으나 1869년 세포의 핵 속에 산성물질이(핵산) 있고, 그 후 핵산 속에 유전자물질이 있음을 알게 되었다. 그리고 끊임없는 과학자들의 연구로 20세기 초반 핵산에는 DNA, RNA 두 종류가 있고 그들의 기본단위인 인산, 5탄당, 염기가 모여 뉴클레오타이드를 형성함을 알게 되었으며, 마침내, 즉 100여 년이 흐른 후, 1953년 DNA의 분자구조를 밝혀내게 되었다. **세포핵 내의 DNA가 유전정보를 가지고 있다는 것을 1944년 에버리가 발표하였고, 1953년 생명과학에 분기점이 된 DNA의 삼차원적 구조가 왓슨과 크리크(WATSON. CRICK)에 의해 밝혀졌다.**

미생물부터 인간에 이르기까지 모두 세포 내 핵 속에 DNA를 가진다. 사람은 23쌍의 염색체를 가진다.(상염색체 22쌍 그리고 1쌍의 성 염색체) **즉 체세포 속 핵에는 46개의 염색체가 들어있다. 사람의 세포 1개에 무려 DNA의 염기쌍이 무려 30억 개…** DNA가 유전물질의 본체임이 발견된 것은 생물학의 금자탑이며, 20세기에 있어서 물리학의 아인슈타인과 어깨를 나란히 할 생물학의 거보였다.

DNA란 생명현상의 유전을 담당하는 유전물질로서 DEOXYRIBO NEUCLEIC ACID의 약자로, 당, 염기, 인산이 각 한 분자로 된 NEUCLEOTIDE가 단위 구성체이며, 이것이 여러 개 모여 POLYNEUCLEOTIDE가 되고, 두 가닥의 POLYNEUCLEOTIDE가 결합하여 이중나선구조를 형성하여 DNA가 된다.

생명체의 특징은 대사, 반응, 생식이라 할 수 있는데, 자손이 영원히 전파되도록 하는 자기 증식능력인 생식은 **DNA의 복제(COPY)를 통하여 이루어진다.** 세포와 생물의 설계도가 유전자에 있고, 그 유전자가 본체가 DNA이며 DNA에 새겨진 정보가 RNA를 통하여 단백질을 합성하는 데 역할을 한다. 생명을 유지하는 고분자 화학물은 핵산과 단백질이다. 핵산은 유전정보 즉, 세포 및 생명체의 설계도를 가지고 있으며, 아미노산 배열을 결정함으로써 단백질을 합성한다. 또 합성된 단백질 중 어떤 것은 DNA 복제나 RNA합성 시에 효소로 작용함으로써 단백질과 핵산은 서로 밀접한 관계를 가지고 있다.

DNA의 이중나선 중 염기배열에 효소가 작용하여 MESSENGER RNA(MRNA)가 합성되고 이것이 DNA의 유전정보를 복사하여 핵에서 세포질 안의 RIBOSOME에 도달케 한다. 또한 TRANSFER RNA(TRNA)도 합성되어 핵에서 세포질로 이동한 후 아미노산과 결합하여 리보솜에 도달한다. 리보솜에서는 MRNA의 유전정보와 TRNA의 아미노산(재료)에 작용하여 아미노산의 긴 사슬이 만들어지고 결국 단백질이 형성된다. **생물체를 집으로 비유한다면 DNA는 설계도에 해당되고 단백질은 건축재료라 할 수 있다.**

유전자는 생명을 연속시키는 데 가장 큰 역할을 한다. 그러기 위해서는 유전자의 안정성이 중요하다. 그러나 변화성도 '돌연변이'라는 것에 의해 증명되고 있다. **유전자의 안정성과 변화성은 생물의 생존에 필수적인 2대 요소라 하겠다.** 생명을 유지하는 데는 수많은 화학반응이 있고 개개인의 화학반응에는 각각 다른 효소가 관여한다. 즉, 수많은 기능을 가진 단백질들이 작용함으로써 생명은 유지된다. 그러나 핵산이 주체가 되는 유전물질이야말로 생명의 근본이며, 물질대사는 훨씬 뒤에 시작되었다고 볼 수도 있다.

원시생명체가 유전자일 것이라고 추측하는 것은 이 때문이다. 유전정보가 모든 생물에게 공통적인 것은 지구상의 생물이 단일한 생물로부터 진화했다는 증거가 된다. DNA

를 이해하고 파악함으로써 인간은 생명을 새롭게 인식하
게 되었으며, 생명의 차원에서 DNA를 바라볼 뿐만 아니라
DNA 차원에서 생명을 바라보게도 되었다.

생명이란?

잠깐 머리를 돌려 생명의 정의와 생명론적 역사를 정리
하여 보자.

생명은 생물의 본질이며 생물을 떠나서는 존재할 수 없
다. 생물과 무생물의 차이점은 생명현상이 수반되느냐에
달려있다. 생명현상이란 생물체가 벌이는 생명활동을 말
한다. 생물체는 세포로 이루어져 있다. 모든 생물은 세포
의 작용으로 살아간다. 단세포로 된 아메바나 고등생물에
이르기까지 생물의 특성은 공통적이다.

**생명의 특성이란 첫째, 흡수, 배설하는 물질대사가 존재
하고 둘째, 외부에 대하여 반응하는 자극반응이 있고 셋
째, 자기와 같은 자손을 만들어 증식하는 자기복제능력이
있다.** 이 중 세 번째가 생물의 가장 독특한 특성으로서, 아

메바는 몸이 둘로 갈라지는 무성생식을 하고 고등생물에서는 암, 수가 각각 존재하여 유성생식으로 존재한다. **관점을 바꾸어 말한다면 생명이란 에너지를 사용하여 증식하는 분자의 조합으로 만들어진 화학공장이다.**

우리가 에너지를 공급받을 때 인간은 존재하며 에너지가 차단될 때 인간은 존재할 수 없다. 과거에는 동서양을 막론하고 생명은 무생물 세계의 법칙과는 전혀 다른 법칙이 존재할 것이라고 믿는 사람들이 많았다. 이것을 **성기론이라** 하여 오늘날까지도 뿌리 깊게 남아있는 생각이다.

기계론은 생물에 나타나는 현상이 무생물에 나타나는 현상과 동일한 법칙에 의하여 이루어진다는 것으로서 물리, 화학적 법칙으로 설명할 수 있다는 것이다. 20세기에 들어와서 자연과학의 비약적인 발전은 생명도 물질의 변화라는 개념이 정립되게 하였다. 인간은 나무나 철로 된 기계를 만들고 작동시키지만 자연은 유기물질로 만들어진 기계를 만들고 작동시킨다.

특히 DNA의 메커니즘이 생명의 원리로서 해명됨에 따라 생기론은 아침햇살에 이슬처럼 사라지게 되었다. **생명현상이란, 물질을 초월하는 신비한 힘에 의한 것이 아니고**

물질의 독특한 반응으로 파악하게 된 것이다. 생물학은 개체에서 조직으로, 조직에서 세포로, 세포 안의 미소세계로, 그리고 DNA를 알게 됨으로써 수천 수만 년 동안 인간의 신비의 대상이었던 생명을 파악하게 해주었다. 생명의 원리인 DNA의 연구는 앞으로 상상할 수 없는 새로운 지식을 인간에게 알려 줄 것이다.

생물의 진화와 지구의 역사

지구가 탄생되고 10억 년이 지난—지금으로부터 약 **35억 년 전, 최초의 생물이 바닷속에서 탄생되었다. 바다는 생명의 고향이다.**

태양계 중에서 지구만이 물을 가진 행성이다. 각종 물질이 녹아든 바닷속에서 유기분자가 생겨났고, 물질에서 생명으로 대비약이 이루어졌고 마침내 원시적인 단세포생물이 등장하였다. 초기의 생명진화는 느리고 느렸다. 단세포에서 다세포 생물로 발전하는 데 무려 25억 년이나 필요했다.

원시대기에는 산소가 없었다. 원시생물은 바다 속의 유기물을 섭취하여 생활하는 **'혐기성 종속 영양형 생물'**이었다고 생각된다. 세월이 흐르면서 필요한 물질을 스스로 만들어 내는 '광합성형 생물'이 나타났고 산소가 증가하자 '호기성 종속 영양형 생물'이 발달되었다. 박테리아나 남조류는 세포질이 분리되지 않은 **'원핵생물**(세포)**'**이지만 다른 많은 생물은 핵과 세포질이 분리된 **'진핵생물**(세포)**'**이다. 대기 중에 산소가 증가하여 오존층이 형성되면서 자외선을 막을 수 있게 되자 육지에도 생물이 살 수 있게 되었다.

이야기를 잠깐 바꾸어 지구의 연령을 어떻게 자신 있게 45~46억 년으로 계산할 수 있을까?

과거엔 지구의 나이가 무한하다고 한 사람도 있었고 성서에선 6천 년 정도로 계산하였다. 1986년 배크렐이 발견한 방사능이 지구 나이 측정의문을 풀어 주었다.

오늘날 방사성 원소에 의한 지구 연령 측정법은 100%에 가까운 정확성을 가진다. 1970년 그린란드에서 발견된 화강 편마암은 38억 년 전 것으로서 세계에서 가장 오래된 증거물이 되었다. 납의 동위원소로부터 계산된 지구 연령은 45억 년이며 달에서 가져온 암석의 나이는 최고 47억 년이었다. 지구의 나이를 45억 년 전후로 보는 것은 옳은 것이나 47억 년에서 38억 년 사이는 베일에 싸인 시대이다.

박테리아는 가장 단순한 형태의 생물이며 가장 오래된

화석이다. 31억 년 전에 이루어진 지층에서 박테리아가 화석으로 나타난다. 〈원생대〉를 지나 지금으로부터 5~6억 년 전 바닷속에서 커다란 진화를 맞게 되었다.

〈고생대〉의 화석은 매우 풍부하다. 4억 년 전쯤부터 물속에서 육지로 생물체가 확대되기 시작하여 식물과 동물이 육상으로 상륙하였다. 산소호흡을 위하여 폐의 진화가 있었고 지느러미는 다리로 진화했다. 지구의 육지는 불모의 토지였으나, 식물의 상륙으로 대지는 녹색으로 변화되었고, 3~4억 년 전에는 거목의 대삼림이 형성되있었다.(석탄기)

고생대 초엽은 무척추동물의 시대였다. 인간의 선조인 척추동물은 고생대 초엽에 어류로 발생하였다. 2~3억 년 전부터 〈중생대〉가 시작되었고, 이때는 공룡군이 번창했으나 중생대 말에 전멸하였다.

포유류는 중생대에 파충류로부터 갈라져 나온 것이다. 6~7천 만 년 전부터 〈신생대〉라 하며 포유류의 시대가 열렸다. 공룡이 멸종되자 숲속에서 근근이 살아가던 포유류가 급속히 다양화되기 시작했다. 포유류는 체온을 일정하게 유지하는 능력이 있고 새끼를 낳아 젖을 먹여 키운다. 포유류는 빠른 4족 보행을 할 수 있고 환경의 변화에 기민하게 적응함으로써 열대에서 빙하의 주변까지 서식하여 포유류의 번영을 가져왔다.

포유류 중에서 수백 수천만 년 전에 원숭이와 동일한 조상에서 출발한 어떤 무리가 수수께끼의 어떤 과정을 거치면서 지금으로부터 4백만~2백만 년 전의 아프리카에서 원인(遠人, Pitecanthropus)으로 나타났다. 여러 종류의 원인이 멸종되기도 했으나 서서히 진화해 나가면서 마침내 지혜 있는 사람(Homosapiens)에 도달하게 되었다.

그동안 대륙의 변동도 여러 차례 있었다. 아시아, 아프리카, 유럽과 같은 현재의 모습은 1억년 전 무렵에 완성된 것으로서 2억 5천만 년 전에는 '판게아'라는 하나의 초대륙이 있었고 이것이 서서히 분열되기 시작한 것이다.

지구의 역사를 보면 과거 7억 년 동안에 9차례나 생물의 대량 멸종시기가 있었다는 것이 발견되었다. 대표적인 사건은 6천 5백만 년 전 공룡의 멸종이다. 공룡 멸종의 원인은 확실치 않으나 운석 충돌설이 현재 가장 유력하다. 즉, 커다란 운석이 낙하하여 지구와 충돌 후 대량의 먼지가 성층권으로 올라갔고 삼림지대의 대화재로 인한 매연도 성층권에 도달하여 지구가 태양빛으로부터 차단되면서 길고 긴 어둠과 한랭의 시대가 도래했다는 것이다. **생물학자들은 45억 년의 지구 역사 중에 99%에 해당하는 생물의 종이 멸망하였다고 한다. 그래도 재생되었음은 무엇을 뜻하는가?** 우주에서 떨어지는 운석이나 유해광선, 지반의 변동에 의한 대륙의 이동, 빙하기와 같은 엄청난 온도의 변화, 그리고 자신의 내부적 요인들에 의해 인간을 포함한 현존의 모든 생물들은 항상 멸종의 가능성을 안고 있는 것이다. 그러나 또한 종족은 수없이 멸망하였지만 한번 생긴 생명은 끊어지지 않고 존재하고 있다.

생명의 현장

   1980년대에 David Attenborough의 Living planet라는 TV기획물이 있었다. 시각적으로 생명의 강인함과 생물들의 기기묘묘한 생활방법을 Colorful하게 소개하고 있었다. 그의 역저인『생물의 신비』의 일독을 권하고 싶다.

   화산재로 뒤덮여 모든 것이 무로 돌아간 섬이었건만 수십 년이 흐르면서 다시금 울창한 숲이 이루어진다. 작은 겨자씨들이 바람을 타고 또는 조류를 타고 섬에 도착했던 것이다. 생물은 지구의 어떠한 조건에서도 즉, 열대, 한대, 건조대에서도 살아간다. 땅속에서도 심해에서도, 고공에서도 생물은 존재한다. 모든 동식물에게는 먹이사슬과 생존경쟁이 있다. 사나운 부엉이에게 좋은 먹이가 되는 들쥐들은 별다른 공격력을 갖지 못한 대신 대단한 번식력을 가짐으로써 멸종의 위험을 대처한다. 딱따구리는 단단한 나무속에 둥지를 마련하기 위하여 강인한 주둥이와 주둥이에서 오는 충격으로부터 뇌를 보호하기 위한 충격흡수기관이 발달되어 있다.

인간만이 무수한 특성을 독점한 것이 아니다. 인간은 용케도 뇌신경을 최고로 발전시켰을 뿐이다. 생물들의 이러한 경이적인 능력은 도대체 어떻게 만들어진 것일까? 겨울을 나기 위하여 나뭇잎은 낙엽이 되어 땅에 떨어지고 그 낙엽을 갉아먹으면서 생명을 유지하는 생물들 …. 초원에 큰불이 나면 풀들은 몽땅 타버려도 그들의 생장점은 밑둥에 깊게 간직되어 있으므로 비가 내려 수분을 섭취하게 되면 언제라도 풀들은 다시 자라 초원은 또 다시 푸르름을 되찾게 된다. 또한 푸르름 속에서 많은 동물들이 다시 뛰며 살아가게 된다.

큰 동물뿐만 아니라 미세한 생물에서부터 움직이지 못하는 식물에게도 정교한 생존의 지혜가 있다. 커다란 산불속에서도 자신의 포자를 소중히 간직할 수 있는 소나무 잎의 독특한 구조라든지… 숲속에 벼락이 치고 불이 나서 잿더미가 생기면 초음파로 열을 감지하는 작은 생물들이 재빨리 교미를 시작하고 열기와 영양을 머금고 있는 타다 남

은 나무껍질 사이에 그들의 알을 심어놓고 죽어가는 모습
도 있고, 울창한 수목에 밀려서 몇 년을 땅속에서 운둔하
고 기다리다 산불이나 폭풍우 뒤에 큰 나무들이 쓰러져 버
린 틈을 타고 재빨리 발아하는 마가목나무의 지혜도 볼 수
있다.

주위 환경과 매우 유사하게 차려입은 나비들의 무늬와
색깔을 보면 우연이라고 보기에는 너무나 경악스러운 생
물의 능력에 감탄하게 된다. 나비는 자신이 살고 있는 세
계 속에서 위장과 허세를 위해 목적을 가진 색깔을 소유하
고 있다. 어떤 식물의 잎은 어떤 특정한 나비의 산란장소
가 되는데 그 나비의 유충은 그 식물의 잎사귀를 영양분으
로 섭취하며 성장한다. 이에 맞서서 식물은 그의 잎사귀에
나비의 알과 흡사한 모양의 알갱이를 만들어 놓아 나비가
산란을 포기하고 다른 식물로 떠나도록 하는 방어전략을
가지고 있다.

모든 생물의 모습 중에서 자손을 보호하는 행위는 인간
보다도 결코 못하지 않다. 숭어는 바닷속에서 강으로 거슬
러 올라온 뒤 산란을 하고 그 자리에서 죽게 되는데 죽은
자신의 몸을 태어나는 새끼들에게 먹이로 제공하며 남은

가시 뼈로 새끼들의 피신처를 만들어 준다. 일단의 개미들은 지하에서 알을 까고 겨울잠에 들면서 결국 죽어가고 알에서 깨어난 새끼들은 그 어미의 시체를 뜯어먹으면서 자라나 새로운 봄을 기다린다.

왜 이렇게 인간들이나 모든 생물들은 자신의 새끼들을 자신 이상으로 보호하는 것일까. 자연의 모습에서 인생의 실체를 보게 된다. 거의 매일 TV에서 보는 동·식물의 세계는 무엇을 말하는 것인가? 한마디로 생존… 그리고 생명의 영생이다.

만약에, UFO를 타고 온 외계인이나, 타임머신을 타고 미래에서 온 후손들이 오늘날의 인류의 생존 양식을 다큐로 촬영한다면 그들은 우리를 무어라 표현할까?

진화론

생물은 신에 의해서 창조되었고, 절대불변이라는 생각은 서구를 지배했던 기독교적 해석이었다. 근세에 들어서면서 창조설에 점차 의문을 갖기 시작하였고, 학자들은 생물은 진화한다고 생각하였고, 그것은 어떻게 이루어질까 설명하려 했다. 마침내 **다윈은 1889년『종의 기원』을 발표하였고, 그의 진화 이론은 전 세계에 큰 충격을 주었다.**

다윈은 가축이나 재배식물이 인위적 선택에 의해 변이가 이루어짐을 주목하고 그와 같은 선택이 자연계에서도 일어난다고 생각했다. **그의 주장은 생물계에도 변이성이 있는데 변이한 자손 중 생존에 유리한 성질을 가진 것은 살아남고 자손에 전해짐으로써 변이가 축적되어 생물은 환경에 보다 잘 적응하는 형태로 진화한다는 것이다.**

생물에는 왜 변이성이 있는가? 멘델의 완두콩 교배실험에 의해 유전되는 개개의 성질은 유전인자에 의해 지배되고 양친에게서 받은 인자의 조합에 따라 자손의 형질이 결정된다는 사실이 밝혀졌다. 또한 **유전자의 돌연변이가** 발견됨으로써 변이와 진화론은 또 하나의 근거를 얻게 되었다. 즉 방사선, 자외선, 약품, 식품 속의 화학물질이 DNA에 손상을 입힐 수 있고 돌연변이가 발생하는 것이다.

진화의 역사에 역을 거슬러 올라가면 모든 생물은 같은 한 조상에서 발생한다고 할 수 있다. **화석은** 생물이 시간의 흐름에 따라 진화하였음을 보여주는 절대적 증거가 된다. 어류와 양서류 사이, 양서류와 파충류 사이, 파충류와 조류 사이를 연결하는 중간 생물(MISSING LINK)들이 화석에서 발견된다. 또한 금세기 후반 들어 **분자생물학의** 발전으로 모든 생물에는 DNA가 주관하는 유전 메커니즘이 있음이 밝혀졌고, 이것은 모든 생물이 동일한 기원을 가지는 증거가 되었다.

오늘날 진화연구의 최전선은 분자진화학이 맡고 있다.
여러 가지 단백질의 아미노산 배열이나 DNA의 염기배열을 생물 간에 비교하여 유연 관계를 조사한다. 예를 들어

헤모글로빈의 아미노산 배열을 비교한 결과 유인원과 사람 사이에는 거의 차이가 없음이 밝혀졌다.

다위니즘은 끝없는 논쟁과 발전이 있었다. 현재의 진화론의 주류는 유전자 돌연변이와 그에 대한 자연선택을 기반으로 하는 네오다위니즘이다. 그러나 돌연변이 결과 어느 정도의 변이를 일으켜 조금 바뀐 종이 나타난다 하더라도 터무니없는 신종이 창조되지는 않는다. 네오다위니즘으로도 진화의 메커니즘이 모두 해결되지는 않는다. 나방의 날개의 색깔이나 초파리 눈의 변화를 설명할 수 있으나, 어류에서 양서류, 양서류에서 파충류로 옮겨가는 대진화를 설명하기엔 역부족이다. 그러나 진화는 인간의 수명으로는 잴 수 없는 장구한 시간에 걸쳐 일어나는 사건이므로 우리 눈으로는 그 실태를 잡을 수 없다. 다만 현재의 생물이 보여주는 갖가지 형질이 진화의 자취를 말해주고 있고, 암석에 묻힌 화석이 진화를 증거하고 있으므로 우리는 진화를 인정하고 있는 것이다.

진화의 진정한 의미는 다른 동식물과 인간을 분리시켜 바라보는 것이 아니다. 하느님이 계신다면 사사건건 나서지 않고 우주에는 물리의 법칙을, 생물에게는 진화의 법칙

을 주신 것이다. 아무튼 현재로서 진화론 이상으로 생물의
역사를 잘 설명할 수 있는 이론은 없다.

인류의 출현

인간은 어디로부터 왔을까? 아직도 명확한 해답은 없다. 그러나 과학과 고고학의 발전으로 불가사의는 조금씩 벗겨지고 있다. **생물은 갑자기 창조된 것이 아니고 세대를 거듭함에 따라 조금씩 변화해 왔다. 인류도 현재의 우리와 조금 다른 생물로부터 진화하였다고 생각된다.** 생물은 진화한다. 인간도 생물이다. **인류도 진화의 메커니즘에서 벗어나지 않는다.** "우주 만물은 하나님에 의해 육일간에 창조되었고, 그 후 변화된 것은 하나도 없다"라는 서구문명을 지배한 기독교의 세계관과의 논쟁은 필연적이었다.

다윈의 주장은 증거를 구해야 했다. 유인원과 인류를 연결시켜 줄 동물이 있어야 했다. 이것을 **'잃어버린 고리'**라 한다. 지난 30년간 '잃어버린 고리'들이 인류화석으로서 발견되기 시작했고 인류의 진화론은 근거를 얻게 되었다.

진화론과 기독교의 갈등이 계속되는 중에 20세기 중엽 『진화와 오늘날의 그리스도교 사상』이라는 책이 나왔다. 미국 캘리포니아주를 중심으로 한 기독교인 생물학자들이 심포지엄 내용이다. 진화현상을 인정하지 않을 수 없다. 그러나 신이 최초에 마련한 조건 아래서 생명이 발생하였고 진화하였으므로 역시 생명의 근원은 '신'이라는 견해였다.

우리는 물질의 진화를 추정하였다. 그리고 생물의 진화도 추정했다. 그런데 사람들은 물질의 진화보다 생물의 진화에 대해선 많은 이질감을 갖는다. 왜 그럴까? 생물학은 물리학만큼 신뢰성이 없는 것인가? 아니면 **인간의 우월감이나 특출감 때문일까?**

현재 학자들이 추정하고 있는 인류의 출현을 간단히 기술해 보겠다. 약 500만 년 전 아프리카 평원에서부터 이야기는 시작된다. **500만 년에서 300만 년 전으로 추정되는 시기에 인간도 아니고 원숭이도 아닌 모양의 화석과 발자국이 아프리카에서 발견되는데 고고학자들은 이것을 '오스트랄로피테쿠스(濊人)'이라 부른다.** 뇌 용적은 450~750㎤ 정도였다. 이들은 이제까지 발견된 것 중에서 가장 오래된 사람과의 생물로서 뇌의 부피는 호모에렉투스(原人)보다 작고 얼굴은 원숭이와 흡사하였다. 평원에서 나무 열매나 과일을 먹었다고 상상되며 좌골구조로 보아 두 발로 걸었음을 추정할 수 있다.

그 후 200만 년에서 250만 년 전부터 도구를 사용한 인류를 '호모 하비리스(Homohabilis, 손쓴이)'라 명명한다. 뇌 용적은 850~1,100㎤, 약 160만 년 전부터 25만 년 전까지의 인류를 호모에렉투스(직립原人)라 부르는데 이들은 아프리카를 떠나 아시아와 유럽으로 진출하기 시작했다. 뇌는 매우 작았고 얼굴 모양은 호모 사피엔스와는 달랐다. 이들은 연장을 만드는 재주가 발달하였다. 60만 년 전 지구에는 빙하기가 닥쳐 인간들은 큰 시련에 놓이게 되었지만 멸종되지 않았다.

30만 년 전에서 4만 년 전까지 분포한 인류를 '구인(舊人)'이라 하며 유럽의 네안데르탈인도 이들에 속한다(이때 뇌의 용적은 오늘날의 것과 같은 1,400㎤). 3만 5천 년 전 프랑스 동굴에 살았던 원시인의 골격은 우리와 차이가 없었다. 약 4만 년 전부터 호모 사피엔스(新人, 새로운 사람), 즉 지혜로운 인간이라고 명명하게 된다.

제4 빙하기가 11000년 전 끝나고 약 8000년 전부터 인류가 증가하기 시작했다. 인간의 피부색깔과 체형은 태양

광선과 온도 차이에 따라 적응해 나간 결과이다. 짐승을 사냥하고 과일과 열매를 따먹으며 살던 인간은 **비옥한 강가의 삼각주에서 정착생활을 시작하였고 문명의 거보를 내딛게 되었다.**

인간은 영장류 안에서 사람과에 속하는데 이것은 다시 오스트랄로피테쿠스 속과 호모 속으로 나뉘고 그 안에 여러 종이 나타난다. 오스트랄로피테쿠스 아파렌시스는 오스트랄로피테쿠스 속과 호모 속의 공동 조상으로 여겨지는데 **호모 속이 왜 아파렌시스로부터 갈라져 나왔을까?**

"우리의 먼 조상은 나무와 숲에서 왜 땅 위로 내려왔는가?"를 생각해보자. 높은 나무에서 열매만을 계속 따먹던 존재는 오늘날의 원숭이 정도로 존재하게 되었고, 평원으로 내려온 인류들은 새로운 도전 속에서 멸종되지 않고 진화했을 것이다. 사방팔방으로부터의 위험에 직면한 평원의 인류들은 더욱 위대한 진화를 했을 것이다.

"데이비드 아텐보로"는 말한다. "인간의 입장에서 보면 인간만이 진화의 승리자이며 모든 생물의 발달은 인간을 지구의 뿌리 내리기 위한 작업이었다는 인상을 줄 수도 있다. 그러나 이러한 견해를 뒷받침해줄 과학적 근거는 없다. 인간이 어떤 이유로든 지구상에서 자취를 감춘다면 다른 동물이 새로운 진화형태를 취하여 인류의 뒤를 이을 가능성이 충분하다." 그러나 어쨌든 현재의 인간처럼 지구상의 모든 것을 지배한 종은 없었다. **"이 사실은 우리에겐 엄청난 책임이 있으며, 우리의 손에 인간의 미래뿐 아니라 지구상의 모든 생물의 미래가 걸려있다는 것이다."**

역사와 문화

"신은 인간을 창조하였으나, 인간은 문명과 문화를 만들었다?"

현재의 인간은 원인과 체격도 얼굴도 달라 보이지만 그것보다 **더 큰 변화는 우리들의 지능과 감정의 발전에 있었다.** 지구 40억 년의 시간 동안에 일어났던 **물질과 생명의 진화에 버금갈 정도의 변화를, 인류는 지난 5000년 동안 즉 역사라는 시기에 문명과 문화로 이룩하였다.** 도구와 불을 이용할 수 있었다는 것이 원시인류의 진화와 진보에 큰 역할을 하였다. 왜냐면 도구를 이용하여 다른 동물들을 제압할 수 있었을 것이고 불을 이용하여 추위를 이겨나갈 수 있었고 음식을 익혀 먹음으로써 턱뼈의 과도한 사용을 줄여줌으로써 대뇌반구의 성장에 일조를 하였을 것이다.

문명이 싹트면서 인간들은 **떠돌이 수렵생활에서 정착하**

는 농경생활로 접어들었고, 연이어 국가의 성립을 맞게 된다. 국가의 성립은 정치, 경제, 사회, 문화 전반을 골고루 발전시킬 수 있는 모태가 된 것이다. 또한 교육을 통하여 당대의 정보를 후대에게 고스란히 넘겨줄 수 있게 되었다. 그러나 얼마나 많은 선조들이 전쟁과 질병, 기아와 무지, 천재지변, 또한 수많은 독재자와 정복자들로부터 모진 고생과 비참한 죽음을 당하였을까…! 오늘날의 선진국 국민들이 누리는 자유와 평등은 그렇게 간단히 이루어진 것은 아니다.

지금으로부터 4~5천 년 전 지구상에는 4대 문명이 꽃피기 시작하였다. 이집트 문명, 메소포타미아 문명, 인더스 문명 그리고 황하 문명, 그리고 2000년-2500년 전 여러 곳에서 인류의 정신적 지주이며, 스승이 되는 성현들과 철학자들이 출현하여 박애주의를 주장하였다.

개인주의적인 욕심과 분쟁에서 인류애를 호소한 것은 역사에 또 하나의 이정표를 마련하는 일이었다. 종교인이든 비 종교인이든간에 우리는 성현들의 영향 속에 오늘날을 살고 있다. 왜냐하면 그들의 정신은 근대국가와 이성의 집의 기둥 속에서 보이지 않지만 존재하는 철근과 같은 가장 기본적인 구조물이 되었기 때문이다.

서양문명의 젖줄이 된 2500년 전 **그리스 문명은** 철학과 과학 또한 민주정치를 보여줌으로써 인류 문화의 진화에 큰 역할을 하였다. **그리스의 철학과 감성적인 기독교 사상의 결합은** 서구문명을 이끌어 나가게 되는데 ….

15세기 르네상스라는 엄청난 대진화의 서막이 유럽에 엄습하게 된다. 르네상스라는 말은 프랑스어로 '부활'이며 다시 태어남을 뜻한다. 즉, 르네상스의 막을 연 최초의 인문주의자 '프란체스코 페트라르카' 그는 수도원에서 성경 연구에 몰두하다가 어느 날 성경을 덮고 말았다.

"사람들은 말씀 안에서 허우적거리며 왔을 뿐 그동안 무엇을 이룩하여 놓았는가?"

"사람들은 왜 울고 웃고 살아 숨쉬는 스스로를 모른 체하고 천년이란 긴 세월을 머나먼 천국만 그리워하며 살아야 했는가?"

"사람들이 사람 스스로에 대해 아는 것은 무엇인가?"

"사람이 사람을 사랑하고 연구하지 않으면 누가 그 일을 하겠는가?"

페트라르카는 1000년 동안 중세 유럽을 지배한 성경에 염증을 느끼고 그리스와 로마의 고전을 연구하기 시작하였고, 그 고전 쪽에 우주가 있고, 소크라테스나 플라톤과 같은 깊은 사상이 천 년 동안이나 먼지 속에 묻혀 있었음을 발견하고 놀라워하지 않을 수가 없었다. 그는 자연과 인간을 노래한 주옥같은 시를 남겼는데, 이것은 르네상스 운동의 시작이 되었다. 즉, 인간은 천 년 만에 하늘의 신에게서 눈을 돌려 땅 위의 사람들을 관찰하게 되었고, 사람이 모든 것의 중심이 되는 인간중심주의가 꽃피게 된 것이다(계몽사 편 세계사, 르네상스 중에서 페트라르카) 르네상스는 정치, 철학, 예술, 과학에 새로운 관점을 불러일으켰고 결국에는 종교개혁에까지 이르게 된다.

르네상스 이후 500년간 근대유럽은 전대미문의 대진화의 시기를 맞게 된다. **근대유럽 500년이 이루어낸 업적과 발전은 인류 역사 500만 년의 것과 대등한 것이라고 생각된다.** 종교적으로는 기독교의 신성이 서서히 무너져 내렸고 정치적으로는 만인의 자유와 평등을 외치는 혁명과 민주주의 사상이 일어나게 되었다. 영국의 의회제도의 발달, 프랑스 대혁명, 20세기 초 러시아 사회주의 혁명 등이 그

것이다. **몽테스키외의 3권 분립**(입법권, 행정권, 사법권) **사상은 우리 인류가 창안한 여러 가지 제도 중에서 가장 빛나는 이상적인 정치제도가 아닐까!**

정치란, 국가의 운명뿐만 아니라, 국민 개개인의 행복과 불행을 좌지우지 하는 가장 중요한 분야로서 인간에 비한다면 모든 자기를 조정하는 신경계통과 같은 것으로서 사람들은 정치제도에 대해서 많은 관심을 가져야 한다.

근데 유럽에서는 맹목적인 종교적 견해와 미신적인 상식이 끝없는 의구심을 가진 과학자들의 엄밀한 실험 앞에서 하나, 둘 허물어지게 되었고 마침내 과학은 인류발전을 주도하는 첨병으로 나서게 된다. 코페르니쿠스의 지동설, 뉴턴의 물리학 법칙, 파스퇴르의 세균발견 등등은 과학문명의 발전이기보다는 인류문화에서 나타난 진화라 함이 더 적절하지 않을까?

신의 찬미에만 집중되었던 중세기의 유럽의 예술은 근대 유럽에 들어서서 자연의 아름다움과 적나라한 인간의 희로애락을 마음껏 표현하게 되었다.

"베토벤의 심포니나 콘체르토를 들어보아라!"

"베르디나 푸치니의 오페라의 아름다운 아리아를 불러보아라!"

빛나는 선율과 격동적인 멜로디가 낭만주의의 음악을 수놓았다. 미술에서도 엄격한 고전주의를 지나서 자연의 빛과 색깔을 작가의 시각에서 표현하는 부드럽고 화사한 인상주의가 꽃을 피게 되었다. 모네, 마네로부터 시작하여 세잔에 이르는 아름다운 수많은 화폭이 인류유산으로 오늘날에 남게 되었다.

현대의 인간들이 자유와 평등을 거리낌 없이 이야기하고 누릴 수 있기까지에는 근대유럽 500년은 참으로 중요한 시기였다. 또한 질병, 기아, 재해로부터 어느 정도 탈출할 수 있었던 것은 과학과 의학과 공업과 농업의 발전 없이는 불가능했던 일들이다. 물론 이와 같은 장밋빛 관점은 역사의 구석구석마다 전쟁과 죽음의 역사가 배어 있음을 잊어서는 안 될 것이다. 20세기 전반 유럽에서 벌어진 두 번의 엄청난 전쟁, 즉 세계 1, 2차 대전이 있었고 또한 오늘날에도 세계의 반절 이상의 인구가 과거와 비슷한 어두운 날들을 보내고 있다.

중세 유럽을 암흑시대라 부른다. 그러나 르네상스를 전
후하여 예술, 과학, 사상의 획기적인 발전이 있었으나, 근
세의 인도나 중국 등은 동양을 대표하는 큰 나라들로서 변
화가 없는 왕정 정치와 사회로 일관하여 동양의 암흑시대
라고 불러도 무방하리라. 플라톤의 아카데미아 문 위에 걸
려 있던 현판… "수학을 모르는 자는 이곳에 들어오지 말
라" 이 한마디가 근대 동양과 서양의 운명을 바꾸었다. 즉
희랍의 과학적 사고와 예수의 평등, 분배의 사상이 유럽
발전의 토대가 된 듯하다.

Serendipity

<u>간단히 말해, 물속에서 DNA와 Mitochndria와 막 (Membrain)이 모여 세포가 만들어졌다.</u> 그리고 40억 년의 생물의 역사를 거쳐 사람이 출현하였다. 제1부의 천체 물리학, 분자생물학 등은 오래전에 쓴 글이어서 일부 세부 사항 들은 그동안 변한 것도 있고 또 앞으로도 계속 수정될 것이다. 끊임없이 밝혀지는 세부적 사실도 중요하지만 전체적인 조망을 얻는 것이 더욱 중요하며, 책의 가치는 사실의 나열보다는 많은 정보 속에서 새로운 의미를 세우는 일이리라.

Serndipity라는 좀 생소한 영어단어는 의도치 않게, 우연히 얻는 (좋은) 경험이나 성과를 일컫는 단어이다. 대표적인 예로 플레밍이 20년간 항생제 발명에 몰두하다가 어느 날 실수로 배지의 뚜껑을 닫지 않고 집에 갔고 다음 날 실

험실에 와보니 곰팡이가 날아와 자란 곳에서는 세균이 자라지 못함을 발견하고 그토록 고대하던 항생제 즉 페니실린을 만들게 된다. 관심이 없는 사람에겐 넘어가 버릴 일이었다.

저자는 20세 때에 의과대학 생리학(medical physiology)의 생식계(Reproductive system)를 읽다가 (뻔한 이야기들이어서 강의에 있지도 않고, 시험에도 출제되지도 않는 부분) 나의 신체의 완전한 축소판인 정자가 썩지 않고, 증식하여 다시 성체가 됨을 읽으며 불현듯 소리쳤다. "뭐야, 그러면 난 죽지 않는 거네!" 고등학교 시절부터 문학, 철학, 역사 등 인문학을 읽었던 때문이었을까? 철학과에 갔더라도 얻을 수 없었던 죽음에 대한 진실을, 의과대학 생리학에서 찾았으니 나로선 어찌 serendipity가 아니었겠는가. 그 후 35세 때 "우리는 DNA의 탈것에 지나지 않는다"라는 라이알 왓트슨의 문구를 읽게 되면서 나의 독서는 자연과학 쪽으로 옮겨지게 되었다.

과거의 사람들은 너무 큰 공간뿐 아니라 아주 작은, 눈에 보이지 않는 세계를 몰랐다. 망원경이 없어 우주를 볼 수 없었고 현미경이 없었기에 난자와 정자의 정체를 알 수 없었다. 1부는 다소 생소한 과학에 대한 일반인들의 호기심을 유발하고자 썼고 2부는 우리가 공통적으로 가지고 있는, 즉 생자필멸이란 인문학적 죽음이 왜 시각적 착각인지에 대하여 저자의 견해를 밝히고자 함이다.

제2부

어디로 가는가?

The Biology
and
The Physiology

진화론은 유심론과 유물론을 통합시킨다
(The Theory of Evolution)

1) 진화론의 이해

약 150년 전 찰스 다윈의 진화론이 발표된 후 많은 논쟁이 이어져 왔다. 즉 생물은 탄생 후 그대로 이어지는 것이 아니라 생존경쟁과 적자생존 속에서 신체와 기능이 계속 변화되고 진화되었다는 주장. 서구사회를 지배한 기독교의 이론 즉 신의 절대적 창조론과 대치되었다.

그런데 우리는 왜 진화를 눈으로 볼 수 없을까? 진화의 주체는 세포…, 세포의 적응과 그 결과는 몇십만 년이 걸리는 느린 속도이기 때문에 사람의 오감으로 알 수가 없는 것이다. 그렇다면 세포는 누구인가? 한마디로 하나의 세포는 하나의 인간과 같은 능력을 지닌 존재이다. 저자는 진화는 우연이라기보다는 세포가 생존하기 위한 자기 개발로 본다.

우주는 140억 년 전에 빅뱅으로 나타났고 지구는 45억 년 전쯤 형성되었으며 생명의 시초는 40억–35억 년 전쯤에 바다에서 태동하였다고 물리학과 화학과 생물학은 말한다. 대세는 진화론으로 기울었지만 아직도 논쟁이 끝난 것은 아니다. DNA와 세포의 기능을 연구하는 사람조차 너무나 정교하고 기기묘묘한 작동에 설명이 불가능하여 입이 벌어진다. 즉 인간의 작품 이상의 발명품이기에…. 하느님이 계신다면 우주와 사람을 7일 대신에, 물리와 화학으로 창조하셨고 시간 속에서 진화적 변화를 주셨다고 할 수 있다.

창조론과 진화론은 이쯤으로 휴전하기로 하자. 어느 학자도 우주를 완전히 알기 전에는 더 이상 말할 수 없다.

첫째, DNA는 어떻게 기능을 발휘하게 되었는가?
둘째, 진화는 어떻게 이루어질 수 있는가?
셋째, 암수는 어떻게 공생하게 되었는가?

원소들이 결합하여 분자가 되면, 예를 들어 수소와 산소가 결합하여 물이란 물질이 되고 놀라운 성능이 생기듯이,

당과 염기와 인산의 유기화합물이 특이한 기능을 가지게 되었다고 이해하면 전혀 이상할 일은 아니다. 이유가 없고 우주에선 지극히 당연한 일이다. 괴이하다는 생각은 인간의 짧은 생각일 뿐.

단세포로 시작된 생물, 단세포(미생물)는 지금까지도 그대로 영위되지만 일부는 다세포로 변환, 최초의 동물은 흙속의 지렁이처럼 물속의 고기처럼 다리 없이 몸으로 이동, 그다음엔 지네처럼 다족동물로 일부가 옮겨가고, 다족동물의 일부는 여섯 개의 다리를 가진 갑각류로, 또다시 갑각류의 일부가 네 개의 다리를 가진 포유류로 변화 되었을 것이다. 가만히 한자리에 서서 광합성을 할 수 있는 식물들은 중추신경계를 발달시킬 필요가 없었다.

진화는 80년 수명의 사람의 눈으로 감지할 수 없다. 왜냐하면 최소 몇십만 년에 걸쳐 서서히 일어나기 때문. 과거 브라운관을 이용한 덩치 큰 텔레비전이 연구 끝에 어느 날 1-2CM 두께의 PDP나 LCD TV로 출시되는 모습에서 진화와 비슷한 단면을 볼 수 있었다. 도시에 2-3층의 건물이 들어서고, 10년 또는 20년의 세월이 지나면 자연스

레 5-6층의 큰 건물이, 몇십 년 후에 필요와 기술의 발달로 20층 그리고 50층 나중에는 100층의 빌딩이 도심에 건설된다.

진화를 어렵게 생각할 필요가 없다. 인간은 필요하면 발견하고 발명한다. 세포도 필요하면 변화하고 진화한다. 단… 몇십만 년의 긴 시간이 필요할 뿐,

태초에, 즉 한 가닥의 유기화합물 DNA가 태동되었고, 기능을 갖게 되었으며, 일회성으로 없어지지 않기 위하여 두 가닥이 되었고, 두 가닥은 둘로 갈라지고, 각각은 두 가닥으로 다시 복구되어 자가 증식에 성공하며 영생을 획득… 그 비법을 이어받은 생물도 자신을 영구히 보존하기 위하여 복제능력의 생식기관을 갖게 된 것이다.

저자는 하등동물의 기생생활에서 진화를 좀 쉽게 깨닫게 되었다. 기생충이 처음에는 숙주의 몸 표면에 붙어 다니다가, 나중에는 몸속으로 들어가서 영양을 빨아먹고 성숙하여 알을 낳아 배출한다. 즉 어떤 시도, 그리고 계속되는 시도와 학습으로 몸과 기능의 변화가 오고, DNA에 기록되

고, 결국엔 하나의 완전한 생존의 모습이 되어 거기에 걸맞게 몸의 모양과 기능이 완성되어 진화를 이루는 것이 아닌가….

동물의 생식도 마찬가지… 처음엔 암, 수의 각각의 생식이였으나 기생과 공생의 단계를 거친 결과가 오늘날의 암수 관계이리라. 처음에는 오늘날의 물고기처럼 수놈이 암컷에 붙어 다니기 시작하였고, 어떤 하등동물은 암컷의 복부에 정자를 강제 투입(기생)… 그러다가 점차… 오늘날의 성기(Penis, Vagina)가 만들어졌거나 아니면 암컷이 자신과 자손의 생존을 위하여 수컷에 유인책을 던저 오늘날의 생식, 즉 공생이 완성된 것이라고 저자는 추측한다.

식물이나 동물은 생존을 위하여 부딪치는 자연 환경에 따라 자신의 몸의 일부 구조나 기능을 바꿀 수 있는 능력을 가지고 있다. 아프리카의 물소의 피부엔 털이 별로 없지만 파미르 고원의 소에는 무성한 털이 있고, 극지방의 어류는 혈관 속에서 혈액이 얼지 않도록 일종의 부동액을 만들어낸다. 사람들이 불을 가까이하자 불필요한 온몸의 털들이 사라져갔고 반대급부로 태양빛으로부터 피부를 보호하기 위하여 피부세포에서 멜라닌 색소를 만들어냈다.

포유류이면서 물속에서 주로 생활하는 물개는 한두 번의 호흡으로 물속에서 5분 이상, 고래는 30분 이상 견딜 수 있는데, 이유는 적혈구 세포의 산소 응집력이 고도로 발달한 결과. 시베리아의 순록들은 피부를 두 겹으로 형성되어 영하 30도까지 견디어 낸다. 같은 소나무이지만 추운 지방의 것은 껍질이 더욱 두껍고, 상대적으로 따뜻한 곳의 껍질은 얇다. 껍질세포가 감지하고 대치. **즉 당대의 대치는 적응이고 적응이 축적되면 진화. 진화는 우연이라기보다 DNA와 세포와 생물이 생존하기 위한 자기개척의 결과라고 보여진다.**

무기물질에서 유기물질로(DNA) 그리고 단세포 그리고 다세포 생물로… **생명의 탄생과 진화의 메커니즘은 아직도 의문부호가 많다. 그러나 결정적으로 놓치고 있는 것은 백만 년, 천만 년, 억만 년이라는, 즉 우리의 한계를 벗어나는 장구한 시간의 작업이라는 것과, 생명은 자기가 생존하는 방향으로 진화하는 발명왕이라는 것.** 우주에선 산소와 수소가 합쳐져서 엉뚱한(?) 물이 만들어지고 태양 속에선 고압, 고온으로 수소와 헬륨의 놀라운 핵융합이 일어난다. 이상하다고 생각하는 것은 100년 정도 사는 인간의 한계

때문이려니….

2) 진화론은 인문학에 영향을 준다

진화론은 단순히 생물학에만 의의가 있는 것이 아니라 우주와 인간에게도 적용된다. 즉 물질에도, 인류에게도 진화가 있다. 물질이 탄생되었고 생명이 탄생되었으며 인간에게서 정신이 나타났다.

우주는 물질의 최소 단위인 소립자의 탄생으로부터 시작되었고, 그 후 별과 은하가 형성되었으며 지구라는 행성의 물속에서 화학반응으로 생명이 만들어졌다. 단세포 생물에서 다세포 생물로, 그리고 마침내 우리 인간이 출현하였고, 그들의 뇌신경 속에서 정신이란 추상명사가 자라나기 시작. 대뇌라는 물질이 없었다면 정신이란 물질은 존재할 수 없는 것이다. 자아, 의지, 애정, 용기, 희생, 노력 등등… 인간만이 누리는 고도의 추상명사들은 뇌세포의 상호작용과 화학 분자물질들로 이루어진 물질대사이다. 유전이 유전자의 작용이듯, 정신도 머릿속에 있는 뇌세포 작용의 결과물이다.

물질과 인류의 정신은 우주의 역사 속에서는 어머니와

아들과 같은 관계이며 순서이다. 생명은 사십억 년의 진화를 거듭하여 인간이라는 수준에 도달하였으며, 인간 또한 오백만 년의 세월에 걸쳐 고도의 감정과 지능 그리고 정신을 그의 뇌 신경 속에서 가꾸고 저장하여, 오늘날에는 그를 잉태시킨 지구라는 어머니, 태양이라는 아버지, 또 우주라는 할아버지와 할머니를 알게 되었다.

인간은 불가사의한 존재가 아니다. 즉 우리는 신화나 설화의 자손이 아니고 긴긴 시간 속의 생명의 한 종류일 따름이다. 오늘날의 사람들은 모든 생물의 지배자가 되어버린 탓에 하등생물과는 다르게 창조된 것으로 착각하는 특권의식을 지니게 되었다.

"일단의 고분자 유기물에서 어떻게 생명으로 도약할 수 있었는가?"

"어떻게 먼지와 가스가 뭉쳐서 별과 은하가 된단 말인가?"

"소립자는 어떻게 원자가 되었고, 또 어떻게 분자가 되었는가?"

산소와 수소 원자가 결합하여 물 분자가 된다는 화학시간의 가르침에 아무도 의문을 제기하지 않는다. 그러나 원숭이 종류에서 인간으로 변화되었다는 주장에는 대단한 반대가 있다. 하느님의 입장에서 본다면 유인원에서 인간으로 진화되는 것보다 수소와 산소가 결합하여 물 분자를 만드는 것이 더 어려웠을지도 모른다. **논란의 핵심은 인간의 특권의식이다.**

우주는 상상을 초월하는 초공간과 긴 시간을 가지고 있다. 팔십여 년의 생애를 가진 사람의 상식으로는 이해할 수 없다. 우주의 일 초는 사람의 일억 년이다. 우주는 새로이 결합할 때마다 과거와는 거의 무관한 것처럼 보이는 새로운 형태와 기능을 선보인다. **과거, 선배들의 사상은 모두 인간의 입장, 즉 사고의 중심에 항상 인간이 자리 잡고 있었다.**

옛날의 철학자들은 자연과 별들을 깊게 생각해 볼 수 없었다. 오늘날의 과학은 자연과 별들이 우리의 뿌리이며 우리가 그들의 일부임을 알려준다. 역사는 오천 년에서 몇십만 년의 호모 사피엔스의 문명사를 알려줄 뿐이다. 그것만으로는 인류의 여정을 알 길이 없다. 사람을 설명하기 위해서는 철학적 사고와 종교적 신념 이외에 생물학과 물리학이라는 지식과 정보를 알아야 한다.

　자연과 하등생물을 관찰함으로써 철학과 종교로도 풀지 못하는 인류의 근본적 문제들을 알 수 있다. 땅 위를 어렵사리 기어 다니는 벌레와 곤충들, 아프리카 초원에서 먹고 먹히는, 문화인에겐 참담할 정도의, 생존경쟁 속에서 살아가는 동물들이 사는 이유는 무엇이며 목적은 무엇인가?

　물속의 물고기나 초원의 동식물에겐 철학과 종교가 없다. 그러나 단지 먹고, 교미만 하여도 영원히 살고 있다. 인류는 사회를 이루어 법과 도덕과 양심이란 아름다운 옷을 입고 다니기에 자신의 몸뚱이를 들여다보지 못한다. 이것이 인문학의 한계이다. 세계문학 전집 100권을 읽어도 답은 없다. 오직 인생은 슬프고 기쁜 일일 뿐.

　과거에는 인생만 설명하면 되었다. 그러나 20세기에는 아프리카의 자연 속에서 살고 있는 동생(동물들의 생)에 대하여서도 같이 설명할 수 있어야 진정한 철학이리라. 왜냐하면 동물들은 인간들의 형제이기 때문에….

　현대 과학과 종교적 견해가 극과 극을 달리고 있는 것처럼 보이지만 사려하면 크게 다르지 않음을 알게 되는데,

두 주장은 시대적 정보의 차이에서 오는 동질의 것. 한쪽은 추상적으로 고찰하였으며, 다른 쪽은 사실적으로 관찰한 것이다.

인간의 판단은 축적된 정보의 산물이지만, 우리의 이상은 과거에나 현재나 미래에도 항상 똑같은 것. 즉 종교의 이상, 철학의 이상, 과학의 이상은 인간의 행복이기 때문에 결국 일치하며, 과학은 진리의 주춧돌이며 철학은 그 위에 지은 집이 된다. 다윈의 생물학적 진화론을 넘어 우주, 즉 물질의 진화라는 개념을 갖고 보면 우리는 자신을 더 잘 알 수 있다.

인간과 자연은 혼돈과 모순이 아닌 질서와 발전의 시스템으로 인식하게 된다. 이십 세기는 수많은 과학적 정보를 제공하였다. 우리는 훨씬 더 많이 알게 되었다. 남은 일은 그러한 정보로 어떤 철학을 만드는 일이다.

오늘날 우리는 많은 원리와 사실을 축적하였다. 인문학적 고찰과 과학적 원리. 이 모든 것을 총동원하여 사실과 상상을 혼합하여 생각하면 진리에 더욱 가깝게 도달할 수 있게 된다. 인문학은 인간에 의한, 인간의, 인간을 위한 학문이며 BIOLOGY는 DNA, CELL, PLANT, ANIMAL의 생존과 영생을 연구하는 학문이다.

3) 정신의 기초는 물질이다

"사람은 대체 어디로부터 와서 어디로 가는 것인가?" 이 커다란 한 가지 의문이 풀린다면 임마누엘 칸트가 철학의 근본 문제라고 말한 "사람은 무엇인가?"도 설명될 것이며 인생의 목적도 삶과 죽음도 잘 알게 될 것이다. 하지만 이 큰 의문은 수많은 사람들의 생각과 노력에도 불구하고 영원한 수수께끼였다. **심지어 오묘한 석가나 공자도 즉답을 회피하였다고 한다. "사는 것도 잘 모르는데 죽은 후를 어찌 안단 말인가?"라고**…. 햄릿은 "사느냐 죽느냐 그것이 문제로다"라고 말했는데 시인은 답변하는 대신 표현하는 쪽을 택했다. 그래서 우리도 대부분 그렇게 살아간다.

근대의 철학자 조지 산타아냐는 고금의 역사와 사상을 섭렵하고선 마지막으로 이렇게 탄식하였다. "결론은 없다. 진리도 없다. 보아줄 운수도 없다. 남겨줄 유언도 없다. 잘 있거라 세상아…." 세상은 의문과 모순적이었기 때문에 오히려 낭만적이었고 더 철학적이었다. 종교는 상식을 넘어선 믿음이라는 것으로 모든 것을 설명하였지만 세계의 사람들에게 공통적으로 받아들여지진 못한다.

인간, 자연, 우주의 근본을 다룬 것은 관념론자이었으나, 추상적인 작업이 되었다. 추상은 매력적이었지만 해답을 주지는 않았다. 한편 과학자들에 의한 발견들이 2–3천 년 동안 걸쳐 쌓여왔고 그것들이 결국 오늘날 형이상학자들이 풀지 못했던 난제에 해결의 서광을 비추게 되었다.

형이상학자들은 최고의 진리에 대한 탐구를 독점하였지만 추론이라는 무기만으로 거대한 장벽을 더 이상 깨트릴 수 없었다. "우리는 어디로부터 와서 어디로 가는가"라는 의문은 우리의 능력으로는 풀 수 없다고 단정하게 된 것은 관념론적 철학자들의 무의식적 체념이 되었다.

이제 과학은 단순한 발견과 발명에 있는 것이 아니고, 인류의 본질과 실상을 규명하고 있다. 오늘날 우리는 생명의 탄생뿐만 아니라 정신의 근원까지도 알게 되었다. 생명과 별을 포함하는 우주는 대 진화론적 입장을 보인다. 입자의 탄생과 결합, 입자가 탄생된 후 별과 은하, 태양과 지구, 마침내 생명이 탄생되었고 인간의 뇌 속에서 지능과 감정과 정신이 피어나게 되었다.

물질의 역사가 없었다면 정신은 존재할 수 없다. 우리의 눈에 크게 보이는 것에서부터 작게 보이는 것까지, 심지어 보이지 않는 것까지 모두 입자로 이루어져 있다. 과학은 생활의 변혁을 가져오지만, 더 중요한 것은 새로운 철학적 기준을 제공한다. 형이상학자들은 응용과학의 공과에 대하여 민감하였고 형이하학자들은 수식과 법칙에서 철학적 의미를 깨닫는 데 부족하였다. 철학자들은 인간의 의미와 목적을 설정하려고 애쓰는 사람들이고, 과학자들은 물질과 인간의 구조와 작용을 연구하는 사람들이다.

철학은 Why로 시작되었고 과학은 How로 종결하려 한다. 역설적으로 철학은 정신적이었지만 오히려 생활적이고, 과학은 물질적이었지만 원리적이다. 지성인들이 소크라테스, 공자, 칸트에 친숙한 만큼 다윈의 진화론, 아인슈타인의 상대성 원리, DNA를 이해하여야 한다. **지성인들은 육체의 영생에 대한 희구를 정신적으로 달래려 했다. 그래서 그들은 육체보다 정신을 편애할 수밖에 없었다.**

4) 인류의 진화

"인간은 직립한다."

"손이 발달하였다."

"도구를 사용한다."

"불을 이용하게 되었다."

원숭이 종류들은 나무 위에서 주로 생활한다. 팔은 더 길고 튼튼하다. 자세히 보면 손가락은 다섯 개로 이미 인간 수준의 90%를 완성하였다. 네 개의 다리로 달리기에 열중했던 포유류 중 일족이 나무 위로 피신하고 채집하면서 팔이란 개념이 생겨났고 인류진화의 발판이 그들에게서 만들어졌다. 원숭이 족 일부가 나무에서 내려와, 숲에서 나와, 평원에서 생활하게 되었는데, **아마도 나뭇가지 즉 막대기를 휘둘러 보게 되어, 상대방을 제압할 수 있다는 자신감을 얻게 되었으리라.** 도구의 사용으로 물어뜯는 데 사용하는 송곳니가 점차 불필요하게 되었으며 이를 받쳐주는 강하고 커다란 주둥이의 퇴화를 가져오게 하였다. 불을 이용하기 시작하자, 익힌 부드러운 음식 섭취로 턱은 더욱 작아지게 된다. 또한 따뜻한 불은 체모를 반감시켜 나갔다. **동물들의 후각이나 청각보다는 사람은 시각에 더 의존하게 되었는데 총천연색으로 주위 환경을 관찰하고 터득하고 간파함으로써 시각을 통한 엄청난 자극으로**

두뇌의 발달은 과속화 되었다. 즉 Homo Sapiens.

사람들은 인류의 진화가 지능의 발전으로 된 것으로 착각하지만, 감정의 발전이 없었다면 불가능하였으리라. 희로애락의 깊은 감정은, 사고와 지능을 불러일으킨다. 사람은 슬픈 만큼, 고통스러운 만큼 많은 창조를 이루어냈다. 그래서 **인간은 Homo Sapience뿐만이 아니라 Homo Emotion이다.**

성생활에도 큰 변화가 왔다. 동물들은 성호르몬에 의한 발정기를 통화여 짝짓기가 이루어지나 사람들에게선 시각과 촉각에 의한 발정이 이루어지고, 시시때때로 애무와 교미를 하고, 전방교미와 열렬한 입맞춤의 결과로 다른 동물에선 없는 입술이 만들어진다.

피부를 덮고 있던 무성한 체모는 점차 희미하게 사라져 갔고, 그래서 얼굴과 피부가 드러났다. 이 때문에 인간에게는 성욕의 변화가 찾아왔다. 털투성이의 동물들은 상대가 예뻐서가 아니라, 성 호르몬의 작용으로 생식 주기를 일정하게 갖게 되나, 사람들은 천연색으로 보는 시각과 손가락의 촉각으로 아름다움과 부드러움을 만끽하며 성생활을 즐기게 되어, 다른 동물에게는 찾아볼 수 없는 애무를 하며 시도 때도 없이 성욕을 느끼게 된 것이다. 즉 HomoEros. 우리의 온몸이 다시 털로 덮인다면 키스와 애무는 사라지고 성욕은 반감할 터…. 체모의 소실은 인간의 미적 감각을 고취시켰지만 반대급부로 나이가 들면 확연히 드러나는 피부노화와 주름살로 사람을 비탄케 만든다.

오천 년 전부터 큰 강 주위로 정착하여 농경사회가 자리 잡고 사회와 국가가 이루어지면서 문명과 문화가 태동하였고, 집단진화가 일어났다. 집단 속에서 관계를 맺고 살아가는, 혼자는 살 수 없는 Homo Society의 출현, 왜 인류는 강가에 모여 살게 되었고 사회와 국가를 이루어 갔을까?

인구가 늘어 채취와 수렵만으로 더 이상 먹고 살 수 없었던 것이 이유이리라. 즉 인구가 이미 과대하게 늘어난 탓. 과잉인구 문제는 이때 이미 시작된 것으로 보여지며 원숭이들처럼 씨족으로 살 수 없었다. 복잡한 인생문제와 사회생활 문제가 생겨난 것이다.

철학자들에게 인류 특성을 한 가지만 꼽으라고 한다면 "나는 무엇인가?"라는 의문을 가질 수 있는 능력이라고 말

116

할 것이다. 하등동물, 식물에게도 약간의 지능과 감정과 정신력이 엿보인다. 그러나 오직 인간만이, "나는 무엇인가?"라는 질문을 던질 수 있다. 그래서 점차 DNA, 혹은 세포의 법칙에 반하는 뇌의 법칙을 획득하게 되는데 본능(Id)과 감정에만 따르지 않고 Ego와 Super Ego를 발달시켰다. 나는 무엇인가라는 의문은 필연적으로 자연과 지구는 무엇이며, 또 우주는 무엇인가라는 의문을 불러일으켰다. 즉, <u>Homo Philosophicus이다.</u>

사람만큼 다양한 얼굴 모습을 가진 동물이 없다. 두상이 커지고 안면이 넓어졌으며, 더욱이 불과 가까이하면서 얼굴을 덮었던 털이 사라져 버린 탓에 똑같은 얼굴을 가진 사람들이 없다. 그래서 인간의 얼굴은 트레이드 마크가 되었고 더욱 개인적인 동물로 발전. <u>Homo Face</u>라 할 수 있다.

나무 위의 재주꾼에서 철학적인 모습을 갖게 된 인간은 제 자신의 탐구에 몰두하게 되었으나 **철학은 점차 이기적인 인간 중심의 사고가 됨에 따라 자연과 우주를 사람의 중심에서 해석하려 했다.** 철학은 나의 문제, 인간의 문제를 해결하려고 하는 것이지 밀림과 초원의 금수나, 강 건너 솟아있는 산이나 공중의 별들의 문제가 아니다. 죽음이란 나에게 다가올 운명이기 때문에 심각한 것이지 원숭이의 죽음이 심각한 것은 아니다. **나, 그리고 사람이 사고의 한 가운데에 이기적으로, 콘크리트 기둥처럼 버티고 선 철학의 사상들은 지구가 우주의 중심이라고 우기던 중세의 천동설과 다를 바 없다.** 아직도 대부분의 현대인들도 이 독선 속에서 행동하고 사고한다. 형이상학적 사고는 나의 당면한 문제들로부터 시작되었으므로, 나를 둘러싼 산천, 동물, 식물, 그리고 우주는 엑스트라에 불과했다. 도서관에 빽빽이 들어찬 인문서적들을 보고 있노라면, **"나 그리고 인간이 구원되지 않으면 안 된다."**라는 철학자들의 절규가 들려오는 듯하다.

이제까지 우리의 주변은 사람의 관점에서 해석되었다. 지구의 주인공은 인간임에 틀림없다. 그러나 우리는 지구와 우주라는 품 안에 서 있다. **사람이라는 주인공이 한가운데 고정되어 버리면 인생을 깊게 연구하면서도 더 이상은 알 수 없는 한계에 부딪쳐 버린다.**

인간을 인간의 관점에서만 관찰한다면 그 골목길은 막혀 버린다. 백여 년 전만 하더라도, 우리는 자연이나 지구를 지금처럼 손쉽게 관찰할 수 없었다. 그래서 그동안 우주와 자연의 현상을 필수적으로 설명할 필요를 느끼지 못했다. 근대에 들어와 삼라만상의 신비가 하나둘 벗겨지면서 오히려 우리들, 즉 인간의 신비가 풀어지고 자신의 비밀을 알 수 있게 되었다. 결론적으로 우리는 생명의 한 자손이며, 우주는 우리의 어버이라는 것. **생명과 지구와 우주의 운명을 알게 되면 우리의 운명을 알게 된다.**

우주와 인간이 유물론적인 것인지 유신론적인 것인지는 인간의 입장에서 보는 시각일 따름…. 우주의 입장에서는 물질과 생명은 입자들의 결합과 대진화로 이루어진 순서일 따름이다. 생물만이 진화하는 것이 아니고, 물질도, 그리고 사람의 정신도 진화의 길을 걷고 있다. 근대의 철학자들은 철학을 Orientation이라고 하였다.

5) 침팬지와 인간

하등생물에게도 지능과 감정이 전혀 없는 것이 아니다. 사람은 어느 날 갑자기 혜성처럼 지구에 나타난 존재가 아니다. 공상 과학 소설에서는 생물은 자생하였고 인간은 고도의 문명을 지닌 외계인의 자손이라는 상상을 하지만 우리는 서서히 지구에서 만들어져 왔다. 생물이 변화할 수 있다고 생각한 다윈의 진화론이 발표된 지도 일세기를 넘어섰다. 서구의 정신세계를 지배해 온 기독교의 창조론은 복잡하지 않고 단순해서 좋다. 그러나 창조 이후에 나타난 우주의 역사, 지구의 역사, 생물의 역사, 인간의 역사를 설명하는 데는 한계가 있다.

창조주가 실존한다면 그는 물리의 법칙으로 우주를 탄생시켰으며, 화학의 법칙으로 생명을 탄생시켰고, 진화의 법칙으로 생명의 역사를 완성시키고 있다. 정말로 과학과 신학의 차이점이 있다면 우주 창조 이전에 있다. 과학자는 그것은 아직 모르겠다고 대답할 것이고 신학자는 'God'라고 말할 것이다.

이제 신의 진위는 무생물에서 생물이 되는 시점에서 논할 것이 아니라 우주창조 이전 즉, 빅뱅 이전에서 논의해야 한다. 다윈은 생물의 형태적, 기능적 변화를 진화론으로 훌륭히 설명하였다. 생물의 진화는 우리의 눈으로 알아차릴 수 없는 오랜 시간이 필요하다. 동물은 뇌세포로부터 안구(시각)를 만드는 데 70-80만 년이 걸렸다 하고 원숭이에서 인간으로 진화하는 데 500만 년이 필요했다고 한다.

변화와 진화는 매우 천천히 이루어진다. 예컨대 처음 무선 워키토키가 나왔을 때 크고 둔탁하였지만 그 후 점차 개량되고 발전하여 지금의 smart phone이 되었다. 포켓 안에 들어가는 소형이지만 기능은 훨씬 다양하다.

라이트형제의 비행기의 모습은 그 시절 사람들에게는 놀라웠겠지만, 지금 우리에겐 보잘것이 없다. 100년이 흐른 후, 초음속기가 창공을 누비건만 사람들은 놀라지도 않으며 당연한 것으로 받아들이는데, 그것은 매우 서서히 발전하였기 때문이다. 인간의 발명과 발견도 더디지만 생물의 진화는 그보다 훨씬 더 아주 미세하고 느리게 이루어지므로 알아차리기 힘들다. 소립자가 모여 별이 되었는데 즉, 극소에서 극대의 것이 형성되었고 기능적인 면에서도 판이하게 발전되었다. 유인원에서 사람으로 발전하였다는 주장에는 어떠한 근거가 있을까?

사람과 원숭이의 두개골의 용적은 큰 차이가 있다. 그런데 그 중간 정도의 용적을 가진 원시인류가 300만 년 내지 400만 년 연대에서 발견되고 있다. 침팬지도 도구를 사용한다. 자신보다 덩치가 큰 다른 원숭이들에게 막대기를 휘둘러 쫓아내고 나뭇가지를 꺾어 개미집 구멍으로 후벼대어 개미를 잡아먹으며, 깊은 웅덩이 속의 물을 먹기 위해 나뭇잎을 잘근잘근 씹어 스펀지처럼 만들어 팔을 뻗쳐 웅덩이 속의 물을 흠뻑 적신 뒤 짜서 마신다. 배우자가 죽으면 슬픔과 고독에 싸여 시름시름 앓다가 한 달 만에 죽게 되는 일이 많다. 키우던 새끼가 죽어도 슬픔을 오래 표현한다. 부상이나 질병으로 불구가 되어 힘들게 생활을 유지해가는 모습도 보이며 가끔 분노의 집단 패싸움을 벌이는데 전쟁놀음의 원형인 듯하다.

근친끼리 부부지간을 이루는 예가 거의 없다. 즉 침팬지는 얼굴에 털이 나고 턱이 튀어나온 인간의 사촌이다. 팔이 더 길고 강하나, 손가락 모양은 나무의 생활에 적합하도록 다섯 개인데, 인간의 모양과 90% 일치한다. **원숭이는 앉기를 개발하였고 사람은 서 있기를 개발. 인간과 침팬지의 확연히 다른 점은 단지 주둥이가 들어갔다는 것이다.** 간략히 이야기하자면 주둥이가 들어간 원숭이가 사람이다. 현재 아프리카에 사는 침팬지의 능력을 감안하면 500만 년이 지나면 땅에 떨어진 나뭇가지를 막대기처럼 휘두르는 원숭이가 나타나, 아니 몽둥이를 휘두르며 초원과 평야에 나타나리라. 숲속의 원숭이들은 천적을 피해 더욱 깊은 밀림이나 골짜기로 이동하지만 과거, 어느 날 어떤 영웅적 원숭이가 나타나서 몽둥이를 휘두르며 무리들을 이끌었을 것이다. 역사가 자주 한 명의 영웅이나 천재에 의해 뒤바뀌었듯이….

침팬지와 마찬가지로 인간과 유사한 보노보 유인원이 있다. 겉보기엔 유순하고 평화로운 집단인데 즉 짝짓기가 다르다. 그들은 일부일처가 아니고 다부다처… 즉 상대를 가리지 않고 Sex 하여 누가 아버지인지 알 수가 없다, 보노보에겐 Sex는 우호의 양식처럼 보인다. 격렬한 암컷 독차지 싸움이 없다.

유인원에서 인간으로 발전하였다고 주장하는 진화론은 왜 믿기 어려울까? 증거 불충분도 있겠지만, 인간의 자존심이 작용하고 있고, 2000년간 서양을 지배한 창조론이 아직도 유효하기 때문. 사람의 지능과 감정은 다른 동물보다 훨씬 더 발달되었지만, 체력은 오히려 맹수가 뛰어나고 후각과 청력에서는 개와 곰들이 훨씬 앞서있고 시력은 독수리가 더 뛰어나다. 곤충은 적외선으로 꽃을 본다. 박쥐는 초음파를 이용하여 어두운 공간을 자유자재로 날아든다. 인간과 침팬지의 유전인자는 단 3%만이 다르다. 사람은 대뇌를 발달시킨 동물일 뿐, 혜성처럼 나타난 존재가 아니다. 차라리 박쥐가 외계에서 온 것인지도 모르지.

6) 복제는 영생의 방법

철학은 사람에게 고운 옷을 입히지만 생물학은 벌거벗은 모습을 보여준다. 아프리카 초원의 사나운 맹수가 아무 죄도 없는 영양을 무참하게 잡아먹는 광경을 어떻게 설명할 수 있을까? 우리들처럼 농장이나 공장에서 먹을 것을 생산할 수도 없고, 눈에 띄지 않는 도살장 같은 시설도 없으니 맹수는 먹이를 구할 때마다 악독한 사냥꾼처럼 행동해야 한다. 우리들은 맹수의 잔인함을 탓할 수 없으니, 오직 탄식만 할 따름이다. 사자가 사랑과 자비로 길들여진다면 배를 곯다가 결국 멸종되고 말 것이다. 동물들은 무엇을 먹이로 삼고 살아가야 온당할까? 풀은 마음 놓고 뜯어먹어도 되는 것일까? 식물은 자유스럽게 움직이지 못하고 통증을 느끼지 않지만, 동물과 다름없는 생물이다.

자연 속에서 벌어지는 생존 경쟁의 현장을 우리들은 무심히 바라본다. **진정한 진리를 탐구한다면, 인간보다 수**

천, 수억 배나 많은 크고 작은 생명들에 대해서도 설명할 수 있어야 하리라. 생물과 인간을 하나의 법칙으로 설명하지 않고서는 진정한 진리를 찾았다고 말할 수 없다. 왜냐하면 모든 생물들은 하나의 세포에서 시작한 형제들이며, 바로 나이니까.

문화의 옷을 입고 있는 인간들은 저들의 생존 경쟁을 강 건너 불 구경하듯이 바라본다. 개체 그리고 종, 그리고 모든 생물들은 생명이란 큰 나무의 가지이며, 잎새들이다. 생명과 생물이라는 큰 나무에서 가지가 뻗어 나와 잎사귀들은 철마다 계속 싹을 틔운다. 개체는 죽어도 종족은 살아가고, 종족이 멸망해도, 생명은 이어져왔다. 다시 말해, 개체는 시들어도, 종족은 더 오래 견디며 종족이 없어져도, 생명은 사라지지 않는다. 모든 생명이 발전되고 보존될 수 있는 이유는 무엇일까?

첫째, 사멸하는 것보다 더 많이 잉태되었고 생존경쟁으로 발전되었다. 우리 인류를 보자. 역사 속의 수많은 전쟁과 전염병 속에서도 차츰 번성하였다. 그만큼 번식력이 강했다고 보여진다. 모든 생물들은 태어나자마자 곧바로 생존경쟁의 시간을 맞게 된다. 부모는 하나만 낳지 않고 여럿을 출산, 즉 질병과 자연재해를 헤쳐나가기 위해선 외아들 또는 외딸만으로는 위험천만이다. 둥지 안에서부터 경쟁은 시작된다. 내가 너를 사랑하여야 하고, 내가 너와 다투어야 한다. 이러한 약육강식을 통하여 즉, 적자생존을 통하여 역설적으로 생명은 강화되었고, 발전되었고, 진화라는 역사를 이루었다. 진화는 개개인보다는 종족 위주이다. 생존경쟁은 파괴적이며 동시에 진화를 이루는 양면성을 지닌다.

그러나 인간 사회에서는 끝없는 투쟁과 경쟁에 제동을 걸었다. 과도한 폭력과 생존경쟁에 의문을 갖게 되었고, 평화의 세계를 만들려고 성인과 지성인들은 노력하였다. **생물학적 법칙은 생물과 인간 세계에 공통이나, 사람들은 그들만의 법칙을 따로 만들어 낸 것이다. 생물의 법칙에 반하는 인간의 법칙이 생겨난 것이다. 즉 DNA의 생존의 법칙에서 인간은 뇌의 법칙, 즉 이성의 법칙으로 살아가려 한다.**

둘째, 생명이 이제까지 존재할 수 있었던 것은 자기증식, 곧 복제라는 오묘한 방법과 능력 때문. 자기 증식이란

최초의 생명 박테리아에서는 후손을 만드는 입장이 아니었고, 동형을 제조하는, 즉 숫자를 늘리는 복제작업이었다. 1, 2, 4, 16… 기하급수적 양산… 그 후 생물은 작은 것에서 큰 것으로, 약한 것에서 강한 것으로, 움직이지 못하는 것에서 움직이는 것으로, 무지한 것에서 영리한 것으로 발달하였다. 그리고 5억 년 전, 암수 양성의 시대, 즉 양부모의 시대로. 즉, 양부모가 있으므로, 자손의 양육이 유리해졌다. 암컷은 알을 품고 수컷은 먹이를 구해올 수 있기 때문이다. **만약 동식물이 단성생식을 유지하였고 또 단 하나의 후손만 남긴다면, 세상엔 항상 같은 모양만 있을 것이고, 영생의 개념은 계속 살아 있었으리라.** 그러나 이 세상의 모든 재해를 이겨나가기 위해서 기하급수적 복제와 자손을 만들어 내다보니, 서로 다르게 여기고 심각한 경쟁이 만들어졌다. 자손이란, 바로 자기 자신이다. 사람들은 자식의 모습이나 성격이 자신과 유사하기는 하지만, 똑같지는 않기 때문에 자식을 아들이나 딸이라 부른다. **박테리아는 이분법을 사용하기 때문에, 항상 자기의 모습과 성질이 똑같은 새로운 자신을 만들어낸다. 사람의 아들과 딸의 모습이 달라 보이는 이유는 남자와 여자가 만나, 즉 공생으로, 각각의 DNA가 무작위로 섞여서 나오기 때문.**

생물은 점차 구조가 커지고 기능이 복잡해지면서 단성생식은 불가능해졌다. 양성생식으로 전환되면서 자손의 얼굴과 몸과 성질이 달라지는 변화 즉, 변이를 획득하게 되었었고, 그 때부터 영생의 개념은 망각하게 되었다. 사람들이나 학자들은 나의 복제품은 내가 아니라고 말한다. **그러나 복제인간은 시간과 장소가 다른 곳에서 살아가는 새로운 나이다. 복제야말로 진정한 나이다.** 손의 바닥과 등의 차이가 만들어 내는 개념의 차이이다.

7) 영생하는 생명

인간이라는 종은 대 생명이라는 나무의 제일 꼭대기에 위치한 한 가지이다. **존재는 사람에게만 주어진 명제가 아니라 대 생명의 명제이다.** 최초의 생명이 일생 동안 단 하나의 생명만 잉태하고 키웠다면 이 세상에 생존경쟁이나, 약육강식이라는 현상은 없었을 것이다. **그러나 자연환경은 매우 거칠었고, 예측불허하였으므로 끊임없이 더 많이 만들어 내야 했다.** 죽는 숫자보다 더 많이 만들어 냈다.

오직 한 명의 자손만 있었다면, 진화는 필요 없었고, 있었더라도 매우 더디었을 것이다. **생명에는 하나의 철칙이**

있다. 생명은 존재하려 한다. 그러므로 모든 생물과 인간은 죽으려 하지 않는다. 식욕은 현재의 나를 유지하려는 본능이고, 성욕은 미래의 나를 만들어내는 공정이다. 배가 고프면 수단 방법을 가리지 않고 먹어야 하고 짝짓기에 최고의 쾌락이 제공되는 것은 영생을 위한 유혹이다. 약한 생물은 왕성한 번식력으로 수많은 공격을 헤쳐나갔고, 강한 생물은 오히려 번식력을 떨어트림으로써 생존의 Balance를 이루었다. 즉, 생물의 고등화와 번식력은 반비례한다.

생물이 진화하는 궁극의 귀착점은 어디에 있을까?
어떠한 환경과 재해에도 멸망하지 않는 불사의 생물?

그러한 능력을 가진 생물이라면, 진화는 불필요하게 되고, 후손을 만들어낼 필요도 없게 된다. 그러나 지구의 모든 환경을 이겨낸다 하더라도, 우주라는 광대무변의 도전이 또 기다리고 있으니, 그러한 상상은 불가능하리라….

나 자신만큼 소중한 것이 또 어디에 있을까, 사람이 자신의 생명 다음으로 귀중하게 여기는 것이 있다면 자신의 아들과 딸이다. 자식을 값진 보석과 바꾸지 않으며 자식이 불에 휩싸이거나 물속에 빠지면, 발을 구르다가 정신없이 뛰어들어간다. **생물이 스스로 죽어가는 경우는 오직 자손을 위하는 경우에 국한된다.** 숭어는 산란을 마친 후, 지쳐 죽어가지만 새로 태어난 새끼들은 어미의 죽은 살코기를 먹고 자라나며 남은 가시는 새끼들의 보호둥지가 된다.

외양적으로 새끼는 항상 귀엽고 사랑스런 모습을 가지고 있다. 그러나 더 중요한 것은 새끼는 나와 동일체이기 때문이다. **나를 사랑하듯, 나의 복사체를 사랑하게 된다. 자식은 나보다 더 젊고, 더 많은 생존시간을 가진 나 자신이다. 그래서 오히려 자신보다 자식을 더 아끼고, 위한다. 과학적으로 말하면 인간의 자식은 후손이 아니라, "복사체"이다**(Copy).

최초의 생명체 박테리아는 배우자 없이 이분법으로 새로운 자신을 만들어 냈다. 사람의 자식들은 얼굴 모습이 다르고 성격이 다르지만, 그 이유는 배우자가 있기 때문. 그래서 같은 듯 다르고, 다른 듯 같은 동형이다. 자식은 나를 대신해서 미래에 사는 나일 따름이다. 만약 한 생명체가 수십 년이 아니라 수백, 수천 년의 수명을 누린다면 어떻게 될까? 한 생명체는 그들의 조상이 경험하고 적응한 기능만을 가지고 있으므로, 미래에 발생하는, 예측불허의 변화에 쉽게 대처할 수 없다.

생명은 환경에 따라 끊임없이 변신하지 않고서는 살아남을 수 없다. 생물은 수정과 출산을 통하여, 새로운 무장을 한다. 생명의 설계도를 조금씩 바꿔나간다. 즉 수정과 출산은 진화와 변이의 현장이다. 생물은 감각세포나 지각세포를 통하여 욕구와 필요를 느끼게 되고, 이것이 밝혀지지 않은 어떤 신호를 통하여 성세포에 정보를 전달한다고 보인다.

단순한 원시 생명체는 핵과 세포막의 교신이 손쉬웠으므로, 변화와 변이의 속도가 빨랐다. 생물의 구조가 커지고 복잡해짐에 따라 외부의 자극이 피부 세포에서 몸속 세포에 손쉽게 도달치 못한다. 외부의 자극이나 자신의 경험이 뇌세포에 집중적으로 저장되지만 타 장기 즉 심장, 폐, 위장 그리고 성세포에도 이루어진다는 증거가 있다. 성세포는 수정이 되면 분열을 거듭, 고유의 장기세포로 발전하는데 세포 간의 신호와 교신을 통하여 분업을 완성한다 한다. **지각세포나 감각세포와 성세포 사이에는 연결선이나 전달물질이 존재하는 듯하다. 기능을 가진 물체에는 수명이 한정되어 있다. 생명에선 그 한계를 뛰어넘는 기술이 복제이다. 생명체의 교체 없이 생명은 영속되지 못한다.**

죽음이란 것은 실상 영원한 존재를 위한 생명의 절묘한 메커니즘이다. 몇십 년의 짧은 시각에서 보면 죽음은 생명의 단절로 보이지만, 수천 년의 안목으로 본다면 단지 육체의 소멸일 뿐, 생명이 영속되는 배턴 터치일 뿐.

죽음이 없는 세계, 복제가 없는 세계가 진짜 멸망의 세계이다. 기능을 가진 물체는 점점 쇠퇴하여 간다. 우주의 별들도 일정한 수명을 가지는데, 어찌 생명체가 지속될 수 있으랴. 그러나 별들은 다시 뭉치고 합쳐져 새로운 동일한 별로 태어나듯, 생명도 건강한 몸으로 거듭 태어나, 영원한 삶을 누린다.

한 생명체의 적응능력이 완전무결해진다면, 그 생명체는 세대교체 시기를 짧게 가질 이유가 없으므로, 수백, 수천 년의 삶을 누려도 된다. 생명의 DNA라는 기록실은 인류의 도서관과 같은 존재. DNA에서 적응의 축적이 이루어진다. 최초의 생명체는 유한하였지만 결국 무한하게 되었다.

8) 신과 인류의 미래

어떤 거인의 시각에서 본다면 우주는 한 개의 소립자나

한 개의 세포에 지나지 않으리라. **우주와 만물에는 영구한 것은 없지만, 변화와 진화를 통하여 영원을 만들어 간다.** 있는 것 같기도 하고 없는 것 같기도 한 신(GOD)은 누구인가? 과학적으로 하느님은 어떻게 이해하면 될까?

가장 넓은 의미의 하느님은 우주 그 자체이다. 왜냐면 우주는 물질적인 것과 정신적인 모든 것을 포함하고 있으면서 생명을 잉태하였기 때문. **범위를 좁히면 생명을 만들어 낸 태양과 지구도 하느님이라 말할 수 있다.** 태양은 생명의 남신이며 지구는 생명의 여신이다.

더 작은 의미의 하느님은 모든 생물과 인간의 몸속에 숨어 생명의 역사를 이어 오게 하는 DNA라고 할 수 있다. 또한 신은 인간의 두뇌이리라. 필요하면 발견하고 발명하며, 나의 몸과 마음, 모든 생각과 감정을 주관하며, 현재는 물론 미래와 과거를 그리고, 지평선 너머까지 상상할 수 있기에…

우리들의 선조들은 하느님의 모습을 사람의 닮은 꼴로 그려내었고, 엄청나게 크고, 엄청나게 먼 하늘에 있다고 믿고 싶어했다. 이러한 상상은 허약한 인간들의 단순한 망

상일 따름일지 모른다. 전지전능한 신은 큰 것일 수도 있고, 도저히 눈으로 볼 수 없는 극미의 존재일 수도 있다. 물질과 생명과 정신은 별개의 것이 아닌, 우주의 역사 속에서 차례로 나타나는 할아버지와 할머니, 아버지와 어머니 그리고 자신이기 때문에. 사람이 신의 아들이라면 우리도 언젠가 신이 될수 있으리라. 우리가 신을 바라고, 기도하면서, 도래하기를 비는 것은 결국 인류의 마지막 모습이 아닐까? 나다니엘 호손의『큰바위얼굴』이라는 소설처럼….

주인공은 소년 시절부터 마을의 전설, 즉 큰바위얼굴을 지닌 위인이 언젠가 찾아올 것이라는 믿음을 가지고 평생을 산다. 그러나 그와 같은 진정한 인물은 좀처럼 나타나지를 않는다. 그가 노인이 되었을 때, 그 인품은 마을 사람들 사이에 알려져 있었고, 자신의 얼굴이 관대한 큰바위 얼굴과 흡사하게 되었음을 불현듯 깨닫게 된다는 이야기다.

우리가 지독히 못생긴 원숭이에서 진화했다면 오늘날의 인간은 언젠가, 노력한다면, 더욱 엄청난 존재로 변화할 수 있는 가능성이 있다. 우리의 후손들이 미래에 천국을 건설하고, 자신들이 신의 모습으로 변모되었음을 깨닫게 될 것이다. 즉, **인류가 천국으로 갈 것인가, 지옥으로 떨어질 것인가는 외부에서 정하는 것이 아니고 우리 자신의 손**

에 달려있다고 하겠다.

원시시대에는 힘을 가진 자가 무력과 폭력으로 사람들을 지배하였지만, 사회와 국가가 건설되면서 공정한 법을 만들었고, 이성과 양심이 존경받기 시작했다. 군주정치는 물러가고 민주주의, 법치주의가 발달하여 평등과 자유사상이 세계로 퍼져나갔고, 과학과 의학의 발전으로 힘든 노동과 무서운 질병으로부터 점차 해방되어 간다. 인류에겐 과거가 지옥이었고 미래가 천국이다. **인류의 역사는 몇십 년의 안목으로 볼 때는, 매우 혼돈스럽지만, 몇백 년이나 몇천 년의 안목으로 본다면 서서히 지옥에서 천국으로 가고 있음을 알 수 있다.**

9) 인간과 인류

우리는 이제 나 혼자 몸이 아니다. 원시시대에는 드문드문 멀리 떨어져 살았지만 5000년 전부터 강가에 사람들이 모여들기 시작하였고 이젠 엄청난 인구가 도시와 국가 안에서 살고 있다. 서로의 간격이 점차 가까워지고 있다는 뜻. 세포들은 서로 협동하기도 하지만 과도한 경쟁 속에

놓이게 되면 이상활동을 하게 되고 결국 암세포로 변화. 신체는 자체적으로 면역세포가 순찰을 하며 암세포의 증식을 차단하지만 한계를 넘어서면 결국 우리가 암이라고 부르는 덩어리로의 발전을 막지 못한다.

지구라는 어머니에게 박테리아 그리고 대지 위에 수많은 동물과 식물이 나타났고, 결국 사람이 번성. 19세기부터 산업화가 시작되면서 인간은 상징적인 공룡이 되었다. 엄청난 식량을 먹어야 하고, 쓰레기를 버려야 한다. 식량뿐이 아니라 의복, 대규모 주택건설. 사람과 공장에서 내뿜는 탄소는 이제 지구의 자정능력을 벗어나고 있다 한다.

현재 기후변화라는 위기는 근본적으로 인구증가에 있다. 과거에는 전쟁, 재해, 질병으로 인구증가가 더디었지만 이제는 대규모 전쟁이 없고, 재해를 미리 예보할 수도 있고 대처하며, 코로나 유행에서 보다시피 1년도 안 되어 백신을 개발, 큰 질병도 정복하는 수준.

순기능이 있으면 역기능이 있다. 아프리카 초원에서 최상위 그룹의 맹수들이 사라진다면 일시적으로 초식동물에게 평화가 오겠지만 그들의 번성은 대지 위의 초목의 씨를

말리게 될 것이다. 인간의 체구와 인간들의 숫자는 작은 편이 아니며 그들의 기능까지 간주하면 이제 우리는 지구에게 매우 위협적인 암세포로 변해 가고 있다.

죽지 않고 번성만 하는 생명은 결국 숙주를 파괴하고 사멸시킨다. 인간을 한 인간으로만 바라볼 수 없다. 인류 공동체를 숙고하여야 한다. **우리는 인간이자 인류이다.**

뇌과학으로
성령과 열반을 파악한다
(The Brain Science)

1) 고통과 고민은 사람의 운명이다

사람들의 몸뚱어리를 오장 육부라 하지만 **우리의 몸은
과학적으로 3가지의 큰 SYSTEM으로 구성되어 있다. 첫
째는 운동을 가능케 하고, 경험을 축적하고, 판단하게 하
는 장치 즉 뇌신경**(NERVOUS SYSTEM)**이고, 둘째는 신체의
유지를 위한 대사작용 기관**(METABOLIC SYSTEM), **셋째는 영
생을 담당하는 생식기관**(REPRODUCTIVE SYSTEM)**이다.**

인간에게는, 수백만 년의 진화과정을 통하여, 높은 지혜
와 폭넓은 감정이 발달되어 있고 그에 못지않은 고통과 고
민이 존재한다. **이 모든 것은 신경계통의 발달에 이유가
있는 것이다.**

식물에게도 초기 단계의 신경계통이 있어 보인다. 따뜻

하고 찬 기온으로 봄과 겨울을 알고, 태양빛 쪽으로 가지를 비튼다. 그러나 통증을 느끼지는 않는다. 꽃이 꺾인다고 울지 않으며, 나무는 가지가 잘린다고 소리지르지 않지만 들소가 사자에 먹힐 때는 구슬피 울고 발버둥 친다. 사람이 어려움에 처하면 당황하고 깊은 걱정에 빠져든다.

정지한 식물에서 움직이는 동물이 되기 위해서는, 운동신경이 발달하여야 했고, 동시에 그 수준에 걸맞은 감각신경이 비례적으로 발달하였다. 즉 다치지 않기 위하여…. 다치면 아픈 것을 알게 된 것은 움직일 수 있는 자유의 대가였다.

운동을 위해 소뇌가 먼저 생기고 점차 지각의 필요성에 의해 대뇌가 발달하였다. 생물은 처음에는 온몸으로 느끼는 촉각신경이 발달 그 후 세상을 3차원으로 보기 위해 시각을 만드는 데 약 70만 년의 세월이 필요하였다고 한다. 뇌에서 직접 뻗어 나온 시각은 감각과 지각에 획기적인 역사를 만들어냈다.

감각은 감성을 낳고, 지각은 지혜를 만든다. 인간은 대뇌 신경이 크게 발달하여, 고도의 감성과 지혜와 지식을 얻게 되었으나, 지성과 감성만큼, 역작용으로, 큰 기쁨과

슬픔을 맛보게 된 것이다. 우리는 오늘의 일뿐만이 아니라, 과거에 있었던 일, 그리고 미래에 벌어질 일마저 생각하고, 통합하고, 정리하여야 잠을 잘 수 있다. 과거는 우리를 후회스럽게 그리고 미래는 우리를 걱정스럽게 만든다.

즉 움직일 수 있는 자유를 획득한 대신, 예민해진 신경 때문에 감내하기 힘든 쾌락과 고통을 얻게 된다. **끝없이 사고할 수 있는 능력을 얻은 대신, 엄청난 고민과 걱정을 평생 짊어지고 산다. 죽는 그 날까지를 계산할 수 있고, 우주의 끝까지 상상할 수 있기에, 우리는 불면증에 시달린다. 즉 고통과 쾌락은 동물이 만들어 낸 것이고, 슬픔과 즐거움은 인간이 증폭시켜 낸 것이다. 더 나가 자아는 물론 종교에서 말하는 신과 열반도 인간의 대뇌 속에서 만들어진 것이다.**

인간의 뇌는 태초에서부터 우주의 종말까지를 그리고 우주의 끝자락까지를 머릿속에서 단숨에 그릴 수 있다. 우리의 쾌락과 고통과 고민은 뛰어난 감각신경과 대뇌신경의 결과물이다. 웬만한 노력과 참음에도 그들을 조절하기가 쉽지 않다. 그래서 수양, 수련, 기도나 참선으로 신경을 조절하고자 노력하지만, 완전한 극복은 어려워 보인다. 의학적으로 약물을 이용하여, 감각신경과 지각신경을 둔하게 만들기도 한다. 식물에서는 문제가 되지 않았고, 하등동물에서도 크게 문제되지 않았지만, 동물이 고등해질수록, **자유스러운 운동과 사고의 확대에 비례하여 신체적, 정신적 부담은 증가하는 것이다.**

인생의 고통과 고민을 줄이기 위해서 우리는 어떻게 살아가야 하나?

경쟁 속에서 열심히 일한 만큼 벌어들이고, 그에 비례하는 포만감으로 잠시 행복해지고, 여유로워지지만, 얼마 지나지 않아 처음에 느꼈던 것처럼, 그리 행복해지지 않는다. **즉 움직임을 얻은 대신 고통을 알게 되었고, 생각함을 얻게 된 대신 걱정이 생겼다.** 고통과 고민은 고도의 감각신경과 지각신경의 탓이기 때문에 이들을 둔화시키는 노력이 필요하다. 우리는 수많은 동업자이자, 경쟁자들과 살아가기 때문에 항상 경쟁 속에 휩쓸리게 된다. 고속도로에서 천천히 경치를 감상하며, 여유롭게 달리고 싶어도, 뒤따라오는 많은 차들이 씽씽거리며 옆으로 무섭게 추월해 가기 때문에 혼자서 서서히 가기는 어려운 것이다.

그렇다면 복잡한 인간사회를 벗어나 전원생활로 돌아간

다면 고통과 고민이 어느 정도 해방될 수 있을까? 자기 수양과 자연 속에서 산다면, 우리가 획득하고 우리를 지배하는 신경세포의 역작용에서 조금이나마 벗어날 수 있을 것이다.

식물들도 소리 없는 경쟁 속에서 살고 있다. 즉, 태양 에너지를 향하여… 동물들은 움직이기 시작함과 동시에 비명을 지르며 경쟁을 한다. 인간의 뇌세포는 더더욱 격렬하게 반응하며 소리를 지른다.

화분 속에 자라나는 제라늄을 살펴보면 어떤 생각이나 운동을 담당하는 통합적인 신경계통이 발달하지 아니하였어도, 잎들은 점차 햇볕의 방향으로 향한다. 즉, 잎과 줄기에 있는 세포들이 햇빛을 감지하고 이러한 움직임을 가능케 하는 듯하다. 식물에게는 뇌신경 구조가 없다. 그래서 어떤 자연환경에 마주치면 통합된 명령에 의한 것이기보다 각각의 세포가 대처한다고 보여진다. 생물과 인간의 외모와 색깔은 자연과 조화를 이루어 보호작용을 하고, 반대로 공작의 화려한 꼬리털처럼 생존의 위협을 감수하면서 생식본능을 위해서 진화했다.

인간이 세대를 통하여 얻게 된 정보를 축적하기 위하여 대용량의 기억장치가 이루어졌으니 이것이 바로 인간의 대뇌이다. **그리고 결국 사람들은 세포 위주의 진화에서 뇌신경 위주의 진화로 전환하게 된다. 즉, 사람들은 발견과 발명을 통하여 자신들을 적응시키고, 자연을 정복해 나간다.**

생물의 진화는 DNA의 생존을 위한 수단이었으나 사람이 출현하고 HOMOSAPIENS가 시작되면서 DNA는 인간의 대뇌에게 주도권을 빼앗긴다. 이제 이기적인 유전자(진화는 생물을 위하기보다 DNA를 위한 것이라는 주장)**는 인간 앞에서 점차 무색해지고 있다. 생물이 되면서 DNA로부터 진화의 주도권을 조금씩 빼앗았고 인간에 이르러서는 주도권을 사람의 대뇌에 완전히 빼앗기게 되었다.**

원시인들은 도구를 이용하여 맹수들을 물리쳤고 불을 사용하여 추위를 이겨냈다. 그리고 뇌신경의 팽창과 발전으로 인간의 진화는 더 빨라졌다. 인간의 눈은 총천연색으로 자연과 사물을 볼 수 있다. 흑백에 비하여 엄청난 자극과 정보를 대뇌에 전달하게 되었으니 진화의 속도가 가파르게 발전. 그러나 시각적 판단은 꼭 다 맞는 것은 아니었다. 즉 너무나 큰 공간이나 엄청나게 긴 시간은 이해할 수 없었으니 500년 전까지 사람들은 태양이 지구를 돌고 있다고 믿었고, 지구를 평평한 땅과 바다로 알고 있었다. 수억 년, 수십억 년의 세월을 시각으로만은 다 알 수 없다. 그래서 인간의 삶과 죽음도 시각으로만 판단하면 안 된다.

나무 위에 살던 원숭이는 어떻게 초원으로 내려와 인간으로 진화되었을끼? 그보다 더 어려운 것은, 땅 위의 짐승에서 어떻게 나는 새가 되었을까?

유인원은 나무 위에서 허리를 세우기도 하지만, 때로는 땅 위로 내려와 네 발로 달리기도 한다. 그들은 왜 다시 땅 위로 내려와서 차츰 직립하게 되었을까? 먹이를 쫒고 또 도망치기 위하여 4개의 다리로 달리기에 집중했던 포유류에서 두 개의 다리와 지팡이로 우뚝 선 일단의 원시인류는 빠르지는 않지만 점차 모든 동물들을 나뭇가지로 제압해 나가기 시작. 즉 몽둥이를 든 순간부터 빨리 달릴 필요가 반감되고 또한 상대방을 물어뜯는 송곳니를 받쳐주는 턱의 역할도 줄어들어 점차 송곳니와 큰 턱이 작아졌다. 또한 팔도 필요 이상으로 길 필요가 없어지게 된다. 그저 방망이를 휘두르기에 적당한 팔이 되었다.

반대로 대뇌 반구 용량은 증가하고, 얼굴과 두상의 변화가 초래되었으리라. 아는 게 많아질수록, 대뇌는 더욱 커져야 했고, 두뇌의 지식이 쌓일수록, 우리들은 현재를 잘 파악할 뿐만 아니라, 과거와 미래도 통합하는 능력이 증가되면서 뇌 용량은 더욱 활성화되었다.

대뇌는 지식만으로 채워져 있지 않고, 감정의 영역이 더 넓고 오래되었다. 지식으로 안다 하여도 감정의 넓고 깊은 골을 메우기 힘들다. 그래서 우리는 과학뿐이 아니라 철학과 종교가 필요하다. **생물은 다산으로 안전한 영생을 획득한 대신 생존경쟁을 대면하게 되었고, 동물은 운동신경과 감각신경으로 자유를 획득한 대신 육체의 고통을 감내하게 되었다. 인간은 뇌 신경세포의 발달로 지혜와 감정을 증가시킨 대신, 뇌의 고통을 얻게 된 것이다.**

나무들을 우습게 여기지 말라. 나무들은 먹을 필요가 없으며, 집도 필요 없다. 상대를 빨리 알아차리고, 피하고, 공격할 일이 없으니 머리를 굴리지 않아도 된다. 그리고 항상 친구들(숲)과 살면서 고독을 느낄 틈이 없다. 고혈압도 당뇨병도 암도 없고 정신병도 없다. 그들은 우리와 달리 평온 속에서 햇빛과 이산화탄소 그리고 물만 있으면 되고, 그저 바람에 흔들리기만 하면 된다. 부처가 따로 없다.

"너희들은 어찌하여 움직이는 동물로 진화하였니?"

과거는 후회스럽고, 미래는 불안하다. 될 수 있으면 오늘만 생각하며 살자.

2) 불교와 기독교

영웅들과 천재들이 역사를 화려하게 장식하였지만 종교의 성인들은 인류에게 정신적 위로와 평화를 주었다. 끝없는 경쟁과 이기주의에서 이타주의로 눈을 돌리게 한 종교는 고대 사회에선 역설적 사고이며 획기적인 정신적 변화와 진보라 하겠다.

원시시대 그리고 고대세계에선 하늘에 대한 두려움과 존경이 있었다. 2500년 전에서 2000년 전 사이에 인간 자체에 대한 성찰이 이루어지면서 무조건적으로 행운과 징벌을 비는 대신 자신을 스스로 추스르게 하였다.

왕자인 석가는 인생의 허무와 고해에서 출발했고, 예수

는 인민의 고통을 위하여 3년 동안 열정을 바쳤다. 전자는 마음의 중요성을 깨달았고, 후자는 정의의 신을 믿는다. 전자는 인생의 해방, 후자는 인류의 구원을 열망. 전자는 "세상의 중심은 나의 마음", 후자는 "중심은 신(GOD)"

석가는 삶과 죽음에 의문을 가지게 되어, 왕좌를 버리고 6년간의 사유와 고행을 하였고, 마침내 "세상의 고통과 고뇌는 절대적인 것이 아니다." 욕심과 집착에서 벗어나면, 희노애락 그리고 생로병사는 없다. 느끼고, 판단하고, 무게를 재는 것은 나의 마음… 그러니 마음을 닦아라. 그리고 마침내 나 자신에 대한 집착도 버려라(무아). 그렇다… 문명과 문화를 발달시킨 인류… 마지막은 자신을 깨우쳐야 하리니….

기독교에선 세상의 중심은 하느님이시다. 모든 민족들에 신이란 존재가 있었다. 이집트의 신들, 희랍의 신들, 인도의 신들… 그러나 유대민족에게는 인격적이며 정의를 갖는 유일신이 나타났다. 메소포타미아 지방에서 살았던 아브라함과 여호와의 조우는 극적이며 그래서 유대인들은 자신들이 선택된 민족이라고 믿는다.

예수는 서민의 아들로 자라나면서 이웃 사람들의 불행에 눈을 뜬다. 기도 중 하느님을 만났고 스스로를 신의 아들이라 말하였다. 유대교의 신앙 속에서 자라났지만 형식보다 진실을, 징벌보다는 용서를 주장. 종교 지도자들의 모순과 부자들의 욕심을 비판, 실권자였던 로마와 정면충돌을 피하려 하였지만 결국 십자가의 처형을 받는다. 예수는 말한다. "이웃을 사랑하라. 이웃을 용서하라. 이웃과 나누어라. 그러면 하느님의 정의와 사랑과 천국을 얻게 될 것이다." 마음을 믿어라. 신을 믿어라… 그러나… 결국엔 동일한 것이리니….

종교는 죽음을 어떻게 보았나? 종교의 최후의 목적은 죽음의 해결. 석가는 이렇게 말한 적이 있다고 한다. "인생은 고해, 태어난 것이 잘못이며, 결혼하는 것이 두 번째 잘못이다." "죽을 수만 있으면 죽어도 좋다." 반야경은 말미에 이렇게 말한다. "가자 가자, 저 피안의 세계로…" 죽음이야말로 깨달은 자에겐 완전한 무아의 완성이며, 열반이며, 피안의 세계인가? 예수의 사상은 구태여 설명할 필요가 없으리라. 즉 사후에 사람은 신의 세계, 즉 천국과 지옥에 가게 되나니… 두 종교 모두 죽음은 슬픔이 아니다.

기원후 700년. 무하마드는 모든 사람은 신 앞에서 평등하다는 기치를 내걸고, 예수의 도덕적인 종교 대신 법률적인 종교를 세웠다. 2500년 전 공자는 지성인과 지도층에게 인, 의, 예, 지를 강조. 불교의 산속 명상보다는 사회 속에서 인격수양을 강조하였다. 이상적이며 양심적인 석가나 예수에 비해 두 성인은 현실적인 모습을 보인다.

석가는 왕족으로서 정신적 고민에 초점, "누려보니 결국 허무로구나." 예수는 서민으로 태어나 그들의 고통에 동참, "왜 죄를 짓겠는가? 용서해주어라." 상인이었던 무하마드는 중산층을 보호, "나쁜 놈에겐 다시는 죄를 못 짓게 하라." 귀족이었던 공자는, "체통과 예의가 있어야 지배 계급이지."

사랑과 덕이 근본인 종교는 영원히 인류의 보편적 가치이다(Nothing is greater than mercy of Jesus and Buddha). 인간의 몸에 물이 필요하듯 사람의 마음은 종교를 마신다. **종교는 모든 철학의 고향이다.**

생과 사를 과학적으로 깨닫는다 하더라도 우리의 인생이 다 해결되는 것이 아니다. 인생은 의, 식, 주, 그리고 끊임없는 생각과 감정이 어우러진 복합적 현실이며 현장이기 때문에… 과학은 인간을 규명하지만 종교는 인생을 탐구한다.

3) 기독교의 성령, 불교의 열반

우리의 뇌는 모든 지식이 축적되고 여러 감정이 엉클어진 장소이며, 나의 인격과 성격이 학습되고 형성되는 곳이다. 대뇌는 우주만큼이나 복잡하고 방대한 구조물이다. DNA는 세포를 만들었고, 세포는 생물을, 인간은 대뇌를 발달시켜 결국 석가, 예수, 모차르트, 베토벤, 셰익스피어, 뉴턴, 아인슈타인 등과 같은 천재들을 배출하게 되었다.

대뇌는 사람을 다스리고 사람은 뇌를 이용한다. DNA에 기억을 저장하고, 다시 꺼내어 쓰듯, 뇌세포에 기억되고 꺼내어 쓴다. 다른 장기와 마찬가지로 대뇌는 세포들로 이루어졌는데 뇌세포는 모양이 특이하여 뉴런이라고 명명하며 세포에서 여러 가지가 뻗어 나온 형상으로 다른 뇌세포와 서로 연결망을 형성하고 있다. 뇌세포는 한번 생긴 후, 체세포와는 달리, 생성과 소멸을 하지 않고 평생 유지. 뉴런의 수는 1000억 개 이상, 그리고 연결망까지 포함하면 더욱 방대한 조직.

옛날 사람들은 뇌의 작용을 몰랐고 마음은 간장이나 심장에, 영혼은 간장에 있다고 믿었다. 1850년경 브로커는 귀 뒷부분의 뇌가 망가진 사람이 말을 못 한다는 것을 발견. 그 후 신체의 기능이 뇌의 특정 부위에 연관되어 있음을 발견, 1870년경 골지는 뇌세포를 염색하여 현미경으로 처음 관찰하면서 뇌 의학과 뇌 과학은 점차 발달하게 되었다.

오늘날의 뇌 과학의 최종 목표는 인간의 영생… 1000억 개 이상의 뇌세포를 이해하고 더 나가 서로의 연관성까지 알아내어 그 방대한 지도를 컴퓨터에 옮길 수 있다면 사람은 자신의 자아의식을 그대로 가지고 영생을 획득할 수 있다. 진화 500만 년 동안 사람의 대뇌 피질이 점차 두꺼워지면서 기억을 저장하고 판단하며, 미래를 예측하게 되었는데 개구리의 뇌는 현재만 알고, 쥐는 기억까지는 할 수 있다 한다.

대뇌작용이 망가지면 신진대사만 할 수 있을 뿐 세상이 무엇인지 모르며, 상대방을 알아볼 수 없고, 자신이 누구인지도 모른다. 또한 신이 누구인지도 알 수 없고, 불교의 일체유심조를 이해할 수 없다. 세포에선 DNA가 기억을 저장하고 필요한 단백질을 만들어 내지만 인간에선 뇌세포가 기억하고 저장하여 필요한 발견과 발명을 담당한다. 유전이 유전물질의 분자작용이듯, 사람의 의식도 뇌의 분자

작용.

  고대로부터 지금까지 많은 사람들이 종교를 필요로 하여, 이에 의지한다. 서양에선 기독교가 동양에선 불교가 주류. 교리는 다르다. 창시자들은 인민의 고통과 불행을 치료하고 행복과 평화를 주려 하였지만 후대에선 교리를 기지고 반목한다. 정말로 두 종교는 다른 원리인가?

  대뇌작용의 관점에서 보면 다르지 않고 같다. 대뇌가 없다면 두 종교 모두 성립될 수 없는 매우 이지적인 인간만의 종교이다. 동물에겐 신도 열반도 없다. 사람의 모든 지적 활동과 모든 감정의 작용은 대뇌에 있으며, 대뇌가 판단하며 지시한다. **즉 뇌가 바로 나의 주인 역할을 한다.** 석가는 뇌의 평화를 얻었고, 예수는 뇌의 능력을 믿었다. 불교에서는 사람의 욕심과 집착이 희로애락을 일으키고 생로병사를 증폭시킨다고 보았고, 즉 모든 판단이 마음에 달렸다고⋯. 마음의 수련으로 슬픔과 고통에서 해방될 수 있다고 한다. 자아 그리고 무아 그리고 진아를 찾는다.

  유대민족의 여호와는 천지를 창조하였고 선과 악의 심판자, 정의와 불의의 심판자로, 그리고 신약에 이르러서는 사랑과 희생의 신으로 모습을 나타낸다. 기독교는 전지전능한 신이 있으며, 사후세계에 지옥과 천국이 있다고 말한다.

신(GOD)에는 두 종류가 있다. 하나는 고대인이 섬겼던 자연신, 그리고 문화인의 신 즉 인격신. 자연신이 틀린 것은 아니다. 다만 이에 관련되어 우매한 행동과 예식을 행하였다. 과학적으로 태양의 에너지와 지구의 물이 모든 생명과 생물을 키웠고 키운다. 인격신은 두뇌를 가진 오직 인간만의, 인간에게만 적용되는 신이다. 하등 생물에겐 인간의 종교가 무의미하다.

대부분의 신자들과 신학에서는 신은 보이지 않는 저 하늘 위에 있다고 말한다. 신은 우리의 일거수일투족을 관할하는 전지전능한 존재이고, 초자연적이며, 또한 정의를 요구하는 인격신이다. 그러나 때때로 의문이 생긴다. 자연재해나 세상의 비극과는 상당히 무관해 보인다. 그래서 오죽하면 인도의 가톨릭 성녀 마더 데레사는 비극의 현장에서, "신이여 정말 계시나이까?" 하고 울부짖었다 한다. 이천년 동안 서양의 많은 신학자와 철학자들이 기독교에서 말하는 신이 있다, 없다로 고민하고 나름대로의 설명을 하였지만 아직도 논란은 계속 중인 듯하다.

과학적으로 말하면 "뇌가 우리를 관장하고 조정한다." 수백만 년 동안 진화하며 결국 대뇌는 기독교의 주인인 신의 장소가 되었다. 뇌는 불교에서 말하는 마음의 장소로 밝혀졌다. 기독교는 뇌의 이성적 지시를 따르는 것이며 불교는 이성적으로 뇌를 다스리는 것… 기독교도 불교도 똑같이 이성에서 발달한 종교.

불교에서 말하는 사람의 마음이란 무엇인가? 싯다르타는 모든 감정과 지각의 중심은 내 마음에 있으며 만물은 내 마음이라는 거울에 비치는, 나의 저울에 무게가 측정되는 절대적이 아닌 상대적인 객체라고…. 그래서 물질적 욕심과 사람과의 인연에서 해방되면 자유와 희열의 경지 즉, 열반의 경지에 이른다고 한다. 그렇다면 마음은 어디에 있는 것인가, 과거의 사람들은 평온할 때는 조용하고, 흥분할 때 펄떡이는 심장에 있는 것으로 알았지만 의학이 발달하면서 마음은 인간의 대뇌작용임을 알게 된다. 신도 저 하늘 위, 또는 먼 우주 공간에 기거하는 것이 아니라, 우리 자신의 뇌 속에 존재하며 작용한다. **즉 유대인이 'God'이라고 부르며 믿었던 존재는 자신의 뇌 속에 있었고, 석가모니가 열반이라고 경험했던 것도 뇌 작용이었다.**

기독교에서는 뇌 작용을 집중하기 위하여 두 손을 모으고 기도하며, 불교에서는 뇌 작용을 이완하기 위하여 두 손을 펴고 팔을 늘어뜨리고 명상을 한다. 아브라함이 여호와의 계시를 받았고, 무하마드가 천사 가브리엘의 계시를 받았다. 또한 독실한 신도들이 신비한 경험을 한다. 그러한 경험은 놀라운 신앙으로 발전한다.

뇌 작용의 병적 소견으로는 정신병자에게 혼미(delusion)나, 환각(hallucination)이라는 현상으로 나타난다. 무당이나 신들린 사람도 뇌의 부작용에 걸린 것이다. 과학자나 천재들은 믿기 힘든 가설이나 작품을 만들어 내기도 한다. 모차르트는 5살 때부터 작곡을 밥 먹듯이 쉽게 하였다. 이러한 예술작품들은 손에서 나온 것이 아니고 머리 즉 대뇌에서 나온 것.

150년 전 저명한 심리학자며 정신과 의사였던 프로이트는 심리치료의 대상인 환자의 불안증, 정신분열증 증상이 뇌 속에서 물질 상태로 존재하므로 미래에는 분자상태를 치료하는 약물이 나올 것이라고 예측하였다. 현대의학이나 과학에선 뇌의 구조와 작용이 우주처럼 방대하고 복잡하다고 말한다. 그런데도 미래를 위한 뇌 지도를 만들려는 야심 찬 계획이 진행 중. 현재 300여 개의 뇌세포를 가진 해파리의 뇌 지도를 파악하였고 1000억 개의 뉴런과 그에 딸린 연결망까지 합하면 입이 벌어지는 사람의 뇌 지도에 당차게 도전하는 과학자들의 연구는 계속되는 중.

뇌 과학은 뇌 질환을 치료하고자 하는 학문이지만 종교의 본질을 극명하게 해부할 수 있게 한다. 마치 DNA의 발견이 생리학, 생물학과 의학의 영역이었지만 철학을 바꾸어 놓게 하듯이…. 신이라는 추상명사는 뇌 속에선 물질명사가 된다. 우리가 관념으로 느끼고, 만들어내는, 즉 볼 수는 없으나 있는 것, 예를 들어 사랑이라는 추상명사는 뇌 속에선 분자들의 작용이라 할 수 있다. 마찬가지로 정의, 의지, 인내, 용기, 미움, 질투, 고독, 공포 등등은 보통명사이자 추상명사이나 뇌 속에선 물질의 작용으로 존재한다. 즉 뇌 속에서 화학물질 분자구조로 존재. 문명, 문화사회로 발전되면서 많은 추상명사가 나타났고, 뇌 속에서 축적되면서 화학적 분자구조 즉 물질로 형상화되었다.

인체의 구조적이고 기능적인 요소들은 저장되고 자식에게 전달되지만 추상적인 요소들도 즉 성격이나 재능도 후대에게 물려주게 된다. 즉 사람들이 이루어낸 추상명사들도 뇌 속에서 분자구조 물질로 축적된 결과이다.

성경에서 보이는 신의 성상은 첫째 Power, 둘째 Intelligence, 셋째 Justice, 넷째 Love, 다섯째 Eternity와 같은 요소, 즉 추상명사로 이루어졌으며 이들이 합쳐져 뇌 속에서 물질화가 되어 마치 외부에서 온 듯이 강력한 작용을 이룬다. 예수는 믿음의 신념으로 병자를 치료하였고 빵을 나누어 주셨다. 과학적으로도 불가능한 일이 아니다. 전능한 신은 현재 우리의 뇌 속에 존재. 신은 사람의 뇌 속에 있으며, 작용하고 영향을 미친다. 배우고, 외치고, 노래하고, 기도하고, 믿을수록 뇌의 작용은 왕성해지고, 신의 존재가 자리 잡는다.

불교는 더욱 극명하게 마음, 즉 뇌 작용을 인정하는 듯하다. 다만, 과거에는 마음이 어디에 존재하는지를 정확하게 몰랐을 따름이다. 수행과 명상으로 이루는 최고의 경지, 즉 열반(Nirvana)은 뇌의 평정이며 합창이라 할 수 있다. 불성은 그야말로 뇌 속에 이루어지고 존재한다. 불교는 물질과 육신으로부터의 해방과 자유를 추구… **열반이란, 첫째 깨우침, 둘째 해방, 셋째 자유, 넷째 열락, 다섯째 자비의 집합체로서 부처님의 뇌 속에서 만들어졌다. 신, 성령, 열반은 인간의 대뇌 속에서 발생하였고, 완성되었으며, 실존하게 되었다.**

뇌 신경세포의 잠재력은 무궁하다. 시각, 청력, 후각은 동물마다 다르다. 독수리의 시각은 인간의 두 배 내지 세 배이고, 북극곰의 후각은 사람의 삼백 배로서, 이십 킬로미터 밖에 있는 냄새도 알아차린다. 필요에 의해서는 시각 세포와 후각 세포의 발달이 이루어진다.

가끔 염력을 보여주는 도사들이 있다. 다 거짓말이라고 할 수는 없다. 인간에겐 필요하면 확대되는 뇌 신경이 있다. 신통력이 쉽지는 않지만, 불가능한 것만은 아니리라. 자연과 우주의 기를 빨아들인다는 명상은 자신의 뇌 작용에 도취되는 행위이다.

인간의 추상명사는 자손으로 이어져 내려오고, 진화되고, 강해진다. 아마 인내심이라는 것도 원시인의 것보다 현대인의 것이 훨씬 강할 것이다. 신의 유무를 외부에서 찾지 말라. 뇌는 전지전능하지 않다고? 천만에, 인간의 뇌는 결국 우주의 모든 비밀을 알아낼 것이다. 인문학의 최고의 발명과 발견은 신이며, 내 마음일 것이다. **나의 머리가 나를 지배하는 My Lord이며, 나의 머리가 나를 평화롭게 하는 Nirvana이다. 신도 열반도 발달된 두뇌가 없다면 존재하지 못한다. 신도 마음도 모두 대뇌 속에 있고, 만들**

어지고 존재한다.

철학에선 Super Ego가 탄생되어, Ego와 Id를 관리하는
능력의 장소이며 존재가 된다. 철학의 Super Ego는 불교
의 Nirvana의 모습이며 기독교의 신의 모습. 그렇다면 인
간의 뇌 속에선 영혼이라는 추상명사도 물질로서 가능하
지 않을까? 꼭 불가능하다고 말할 수 없다. 죽음이 끝장이
라고, 무서워서, 영혼으로 영생을 얻고 싶다면 일상생활을
그렇게 연마하십시오. 뇌 속에서 혼이 만들어지고 어쩌면
하늘 및 허공에서 영속하리니⋯ 특정한 인간에게는, 특히
성직자들에겐 정신적 영생도 가능하다고 본다.

부처의 열반, 예수의 성령은 우리의 뇌 속에서 추상으로
시작하여 실존이 된다. 신, 성령, 자아, 무아, 해탈, 열반
모두 대뇌 속에 존재하고 작용하는 것. 나의 대뇌는 나의
마음이며, MY LORD이며, 나의 EGO이다. 기독교와 불교
는 갈등이 아니라 서로 불가분의 관계이다.

종교는 모든 철학의 고향이다. 지금 과학적으로 해부하
였을 뿐, 그렇다고, 인민들의 위대한 종교를 부정하지는
못한다. 다만 대표적 두 종교의 공통점을 지적하고자 할

뿐이다. **인문학의 가장 위대한 발명은 신이며, 가장 위대한 발견은 마음이려니….**

생로병사는 지각의 발달로 알게 되었고, 희로애락은 감정의 발전으로 피어나게 된 것, 자아도 스스로 만들어 낸 것이며 진화의 필연적 산물. 그런데 우리는 자신이 만들어 낸 덫에 걸려 산다. 사회와 국가도 만들었지만 점차 그 속에서 노예화되어가고 있는지 모른다. 사람의 마음이 미묘해지고 사회가 복잡해지지 않았다면 석가나 예수는 나타나지 않았으리라. 이쯤 되면 "진화는 왜 일어난 것이지?" **인간으로의 진화는 과연 행복한 결과를 낳았는지 한번 의심해보자.**

남아프리카의 일단의 원숭이는 500만 년 전 서서히 인간으로 변화했지만 바바리안이라 불리는 원숭이는 600만 년 전 북아프리카에서 서식하다 점차 유럽의 산림 지대에까지 퍼져나갔는데 … 더 이상의 진화는 없었다. 우선 짝짓기 습관이 다르다. 모든 수컷은 어느 때나 암컷과 교미. 일부일처가 아니어서 누가 진정한 아버지인지 알 수 없다. 그렇다면 양육은 어떻게? 새끼가 태어나면 수컷들은 서로 양육하고 싶어 암컷의 품에 안긴 갓난아이에 다가와 애교를 떤다. 양육을 소홀히 하면 구성원이 될 수 없다. 먹을 것은 풀과 나무의 잎이나 열매. 몸은 따뜻한 털로 감싸여 옷이 불필요. 잠은 나무 위에서 신선(?)처럼 잔다. 의식주가 자연적으로 해결된다. 늙어 죽으면 그만이고 복잡한 고민도 없겠지. 병원이나 종교시설이 불필요. 누가 더 행복할까? 원숭이가 아니면 사람이? 하기야 원숭이가 어찌 진정한 행복감을 알까? 그러나 인간의 행복은 매우 순간적일 따름….

확실한 건 그들은 매우 단순하지만 안정적인 모습으로 보인다. "인간들이여 잘 산다고 자랑하지 말라,"라고 바바리안 원숭이는 말한다.

"너희들은 복잡한 구조 속에서, 막강한 능력과 과잉번성으로 고생하는 존재이다."

"너희들은 애써 진화하여, 사서 고생하는 동물들이다?"

100년 후,
Homo Roboticus로 진화한다
(The Homo Roboticus)

생물이 DNA가 만들어낸 로봇이듯 생물의 하나인 인간이 드디어 자신들의 로봇을 개발하기 시작하였다. 초창기에는 생물은 DNA의 손아귀에 있었지만 생물이 커지고 기능이 복잡하여질수록 DNA의 주도권은 생물에게 점차 빼앗기게 되었고 인간들은 이제 DNA를 절단하고 이어붙이며 자신들의 이익에 맞게 멋대로 주무른다.

다가오는 AI(인공지능)는 인류의 미래에 희망과 우려를 던진다. 반도체를 기본으로 처음엔 복잡한 수식의 계산에 이용하기 시작, 점차 생활에 이용, 드디어 인간의 뇌 수준을 목표로 개발 중이며, 향후 움직이는 로봇과 결합하면 인간의 하인이나 동료로 발전, 먼 미래엔 인간과 주도권 쟁탈전, 마지막엔 누가 승리할 것인가 하는 물음으로 다가온다. DNA는 생물이란 로봇에 무한경쟁, 약육강식, 적자생존을 심어 주었지만 사람들은 웃고 울기를 시작하여 생로병사와 희노애락을 번뇌하고 인류애를 부르짖기 시작함으로써 목적 없는 생존에 반기를 들게 된 것이다. 사람의 로봇이 미래에 감정을 갖게 된다면 그러한 역사는 반복되겠지…. 즉 DNA로 시작, 그리고 세포 다시 다세포 그리하여 생물로, 결국에는 인간들이 로봇을 만들려 한다.

40억 년 전, 단세포인 박테리아로부터 시작하여, 오억 년 전 생물의 폭발적인 증가가 있었다. 중생대에는 거대한 신체를 가지고 자연계를 압도한 공룡들, 그러나 그들은 어떤 이유로 해서 완전히 멸종되었다. 숨을 수도 없는 큰 덩치 때문에 대재앙에 오히려 쉽게 멸종당했다 한다. 그 후 생명의 생존 방식은 바뀌어 작지만 민첩성이 뛰어난 포유류로 바뀌게 되었다.

포유류는 나무 위의 곡예사 원숭이류(유인원)에 이르게 된다. 팔과 손이 발달하게 되었고, 그들 중에 어떤 이유로 초원에 내려오게 된 한 무리의 원숭이들이 점차 직립하게 되고, 막대기로 맹수들과의 싸움에서 이기고, 강한 턱과 송곳니가 불필요해지면서, 머리가 커지게 되었으며, 마침내 불을 가까이하게 되었고, 의복을 입고 주거생활이 시작되었다.

　인간은 도구와 불과 지능으로 모든 동물들을 발아래 두게 되었고, 자연과의 싸움에서도 이겨나갔다. 씨족, 부족 사회를 거쳐 큰 강가에 정착하여 농경사회를 이루고, 국가를 만들었고, 많은 사람의 지혜와 지식이 소통으로, 기록으로 전달되고 발전되어 문명과 문화의 길을 걷게 된다. 근대에는 과학의 발달로 기술과 사업의 시대가 되었으며, 오늘날에는 컴퓨터의 도움으로 정보 사회로 발전하고 있다. 사람의 발명과 발견은 끝이 없는 것 같아 보인다.

　인간은 완전한 최후의 생명체일까? 인간 지능의 최대의 장점은 스스로 자신의 단점과 과오를 반성하고 수정하는 능력이라 하겠다. 그래서 수많은 위기들을 슬기롭게 대처해 왔고 앞으로도 극복해 나갈 것이다. 그렇다고 미래를 완전히 보장할 수는 없다. 미래는 끝이 없고, 지구는 완전하지 않으며, 우주도 반드시 우호적이지 않기 때문에….

　인간은 고성능 두뇌를 가진 모델이다. 그래서 사람들은 개개인 고유명사로 살아가고, 고유명사로 기억되기를 바란다. 우주, 즉 물질은 변화와 순환 속에서 존재를 유지하건만, **인간은 이상스러울 정도로 변화와 순환을 거부하고,**

절대적 영원을 갈망한다.

    우주가 탄생되었고, 태양계가 형성되었으며, 생명이 탄생하였고, 인간이 태어났듯이, 최후에는 인간이 멸종되고, 태양계가 사라지고, 결국 우주가 소멸할 것이다. 인간의 미래는 그래도 인간의 의지에 달려있다. 미래는 확률이지만, 목표라고도 볼 수 있다. 주위의 환경보다도, 오히려 생명의 의지가 사십억 년을 이어오게 만들었다. 지구의 나이는 현재 50억 년 정도 되었고, 향후 50억 년 후에는 태양의 수명이 다하면 지구 역시 사라지리라. 과학자들은 앞으로 2- 3억 년만 되어도 점점 뜨거워지는 태양열 때문에, 지구의 수분이 증발하고 모든 것이 사막화되어, 생명은 살기 어렵게 된다 한다. **지구는 영원히 보장된 푸른 행성이 아니기 때문에, 우리는 지구로부터 비상하여 우주로 나아가야 할 원대한 숙명을 지닌다.**

    인간의 출연에는 이미 다른 별을 찾아 우주 개척에 나서야 하는 생명의 메시지가 담겨 있는지도 모른다. 벼랑의 바위 틈새에서 피어나는 이름 모를 풀과 꽃의 모습에서 수억 년에 걸친 생명의 의지를 웅변적으로 읽게 된다.

지구가 대폭발하여 산산조각이 난다 하더라도, 생명은 살아가야 한다. 생명의 역사를 돌이켜 보면, 99%의 종이 멸종되었다 한다. 그렇다면 인간의 멸종 확률은 99% 정도라 해도 과언이 아니다. 우리의 미래는 한 마디로 우주로 뻗어나가는 일이다. 우주로 나아가기 위해서는? **지구에 적응된 몸을 벗고 혁신적으로, 즉 우주의 몸으로 거듭나야 한다.** 마치 과거 수중 속의 물고기가 육지로 올라갈 때 환골탈태 하였듯이….

우주의 몸이란 무엇일까? 먹을 필요가 없고 입을 필요가 없는 몸……

오늘날, 유전공학과 유전의학은 비약적으로 발전을 이루었고 인간의 욕심과 목표는 끝이 없다. 의학에서는 80세 평균수명도 모자라 유전자를 조작하여 현재보다 두 배 이상의 수명을 추구하지만 그것도 완전한 답이 아니다.

생명의 탄생은 기적과도 같았고 생명의 조화는 거의 완벽에 가깝다. 그렇다고 생명이 전지전능하다고까지는 말할 수 없겠지…. 생명은 항상 지구, 또 우주로부터의 돌발 상황에 노출되어 있다, 7000만 년 전 우주로부터 날아온 큰 운석은 공룡을 멸종시켰다. 생물계는 99%의 밸런스를, 1%의 결함을 가진다. 일시적으로, 사람에게만 유리하도록 DNA가 조정된다면, 생명이라고 이름 지어진 관현악단의 화음을 잃어버릴 수도 있을 것. **생물의 짧은 수명은 오히려 생명이 더 많은 CYCLE을 가짐으로써 수정을 통하여, 자연의 변화와 위협에 대처하는 진화라는 능력을 만들어낸다.**

오늘날 유전자 조작을 통하여 노화를 주관하는 DNA를 인위적으로 수정하려 한다. 일단의 해파리는 늙어지면 다시 젊어지고 다시 나이 먹고를 반복하며 거의 영생에 가까운 수명을 누린다. 우리도 연구하여 DNA를 조작하면 불가능한 일이 아니다. **그러나 진화가 없는 생물은 사멸할 가능성이 높다.** 새로운 환경에 노출된 생물이 수동적으로 또 능동적으로 적응해나가는 것이 진화의 본질.

지구 변화에 마주칠 때 생명은 DNA를 이용하여 적응하게 된다. 다만 우리는 천재지변이나 예기치 못한 질병을 발명과 발견으로 대처하고 극복하고 있다. 그렇다고 치더라도 인류의 과도한 번성, 과도한 수명은 지구의 환경과 자연을 파괴하고 오염시킨다. 몸속의 세포가 과다 증식하면 암세포가 되어 숙주가 죽듯이 인간이 과잉 번창하면 그들의 어머니인 지구가 파멸될 것이다.

의식주를 해결하기 위해서 땅과 바다를 파헤치고 공기를 오염시킨다. 그리고 인간의 핏속 아니 머리 속엔 과도한 경쟁심과 증오심이 숨어있고 싸움과 전쟁의 위험이 항상 도사린다. 또 원초적 생명체인 박테리아나 바이러스로부터 끊임없이 공격당하고 있다.

우리는 현재 살고 있는 지구만이 아니라 우주의 어떠한 조건에서도 견딜 수 있는 존재가 되길 바라고 있다. 즉 진화가 불필요하고 전능한 존재가 되는 것. 그렇다면 인류의 새로운 존재는 어떻게 이루어질 수 있을까? 아마도 **그 해답은 섬뜩하지만 기계인간이 아닐까? 양성생식이 아닌 복제기술로 단성생식을 한다 하더라도 양육과 교육에 엄청난 시간과 돈이 필요하고 또한 예측할 수 없는 사고, 질병, 재해가 있고, 몇십 년을 지나면 늙어서 다시 또 복제가 필요하다. 그래서 복제인간도 일시적 해답일 뿐.**

기계인간은 BIOLOGICAL 신체가 아니고 기계적 신체이므로 수명이 훨씬 길며 손쉬운 부품교환으로 몇백 년의 수명을 보장한다. 가까운 시일 안에 가볍고 부드러우면서도 질긴 몸체가 될 것이다. 지금은 금속이지만 깨지지 않는 질긴 합성물질로 대체하는 것.

가장 큰 난관은 대뇌를 만들 수가 없지만 AI가 그 가능성을 열어준다. 데스크 컴퓨터가 식물이었다면, AI를 내장한 로봇이 동물이다. **BIOLOGY로 완성된 인체도 알고 보면 유기물질로 된 로봇이다.** 그러나 너무도 복잡하며, 먹어야 하고, 입어야 하고, 집이 있어야 한다. 항상 질병과 상해에 노출되어 있으며, 언제 죽을지 모른다. 즉 의식주, 추위와 더위, 세균감염, 암. 동맥경화, 심장병, 위장병, 신장병, 간병, 폐질환, 관절염, 손상, 등 열거하자면 끝이 없는, 한마디로 매우 복잡한 인체라 하겠다. 매번, 항상 균형적인, 즉 HOMEOSTASIS를 유지하고 살아가야 하며, HIGH COST를 요구하는 생물이다. 더 나아가 대뇌 속에서 이루어지는 사랑, 미움, 정의, 악덕, 질투, 시기심, 욕심, 공격성, 잔인성 등등을 생각하면 더욱 복잡한 생물이라 하겠다.

미래에, 나의 정신과 자아를 AI에 옮길 수 있다면 로봇의 신체는 더욱 매력적이 되리라. 즉 뇌 지도가 완성되어, AI에 자아를 옮기게 되고, 로봇의 몸을 갖게 되리. 로봇의

신체는 반영구적이다. 인간은 이미 영구한 수명을 가지고 있음에도 왜 기계인간을 통한 영생을 꾀하려 할까?

　이론적으로 생명은 태초로부터 영생을 획득하였지만 사람의 욕심은 개인의 실질적인 오랜 수명을 원한다. 즉 눈에 보이는 영생을 원한다. AI를 장착한 로봇으로의 발달과 발전은 누구도 말릴 수 없다. 상당 기간은 인간이 로봇을 부리고, 그다음엔 서로 공존하고, 더 나아가면 로봇의 몸이 더 안전하고 편리하고 우수하기 때문에 인간은 로봇의 신체를 탐하게 되어, 결국 로봇과 합쳐지는 인류의 전환을 맞게 될 것이다. 즉 HOMOSAPIENS에서 HOMOROBERTUCUS로의 대진화.

　로봇의 몸은 100년이 아니라 1000년의 수명도 거뜬하리라. 업그레이드시켜주고, 부품교환만 이루어지면 영생이다. 물론 로봇도 안정적인 에너지 즉 전지(배터리)의 충전이 필요하기에 핵융합 발전이 필수. 앞으로 30년 이내에 로봇과 사람을 외관으로 구별할 수 없을 것이며, 처음에는 하인처럼 부리다가, 점차 배우자 그리고 자식처럼 길들이고 교육시켜 자신의 후계자로 만들 것이다, 더 나아가 100년 후엔 엄청난 슈퍼컴퓨터로 자신의 뇌에 저장된 모든 지적인 것과 감정들을 분자로 분해하여, 즉 자아를 로봇의 컴퓨터에 옮겨, 늙어가고 병들어 가는 신체에서 탈출과 해방, 그리하여 썩지 않는 로봇의 몸으로 1000년 10000년을 움직이며 거뜬히 살게 되리….

현재에 그런 것을 하려면 오늘날의 슈퍼컴퓨터가 수백 대가 있어도 부족하고, 가동시키는 전기 에너지는 한 개의 핵 발전소가 필요하다고 하지만 과학자들의 호기심과 연구는 오늘도 계속되고 있다.

인류가 로봇의 몸을 빌리게 된다면 끝도 없는 식량문제가 해결되고, 의복생산이 필요 없고, 집이 꼭 필요치 않게 되어 현재의 자연파괴를 막게 된다. 또 아무리 돈을 들여 연구하여도 완전히 정복할 수 없는 수많은 질병에서, 공포의 전염병과 암에서 자유로워지고 긴 수명을 누릴 수 있게 된다. 허파, 심장, 위장, 간, 콩팥, 혈액 등등 복잡다난한 기관들이여 안녕! 마침내 의과대학이 사라지고 의사와 의학책은 단지 인류의 고전이 되겠지.

더욱이 산소호흡이 필요 없게 되므로 물속은 물론 지구 밖 우주여행을 위하여 커다란 산소탱크를 짊어질 필요가 없고 중력문제도 거뜬히 해결된다. 현재 이루어지는 화성

이주는 번잡하고, 복잡하고, 막대한 경비가 드는 프로젝트이다. 그때엔 모든 것이 한낱 기우였음을 알게 되리라.

로봇신체의 궁극적인 진정한 목표는 광년 단위의 우주여행을 위함이다. 즉 우주여행과 개척 및 탐사를 위한 인류진화가 필요하다. 100년 후에는 지구상에 3종류의 인류가 섞여 살게 된다. 순수한 인간들, 반 인간 및 반 기계인간, 완전한 기계인간… 반 인가이란 사지와 관절은 인공으로 대치되고, 일부 내장도 인공이나 유전자 공법으로 만들어진 대체장기로 치환되며, 두뇌는 AI로 보강되는 누더기(?) 인류들이다. 완전 기계 인간이란 얼굴 모습은 알랭 들롱, 엘리자베스 테일러 등 본인이 원하는 대로 선택할 수 있으며 몸매는 아놀드 슈왈츠제네거, 드웨인 존슨을 방불케 할 것이며 두뇌는 천재 수준이다.

한동안 로봇과 인간의 갈등과 싸움이 불가피하겠지만, 결국 사람들이 강하고, 편리하고, 영생하는 로봇으로 탈바꿈하는 대세를 따를 것이다. 그것은 마치 아프리카 밀림의 원숭이가 초원의 원숭이로 진화하는 것과 다를 바 없다. AI와 로봇의 출현으로 미래를 걱정하는 학자들이 많이 있다. **그러나 그것은 과정의 문제일 뿐…우리가 로봇이나 AI를**

이용하는 것이 아니고, 최후에는 우리가 로봇의 몸통을 빌리고, 우리의 정신을 로봇에 이전시키는 대전환이 미래에 올 수 있을 것. 즉, 결국 인간이 기계의 몸을 탐하게 된다.

우주로 나아가려 한다면 로봇인류(homoroboticus)**야말로 해답이다.** 광속에 가까운 로켓도 중요하지만 긴 수명이 필요하다, 1000-10000년의 수명을 누린다면 수억-수십억 광년의 우주여행은 장거리 여행이 아니다. 사람의 현실적인 영생을 위하여서는 컴퓨터와 로봇의 육체 그리고 뇌 구조와 기능의 완전한 파악(뇌 지도)이 필요하고 또한 인류에게 무한한 에너지를 공급할 핵융합 발전이 필수적이다.

500년 후 HOMOROBERTICUS는 오늘날의 인류를 이렇게 기술할 것이다.

호모사피엔스는 지구에 살면서 너무 많이 먹었다, 육지와 바다를 다 뒤져 동식물을 가리지 않고 끊임없이 먹어 치웠다, 의복을 입고 돌아다녀야 했고 멋을 내기 위해 수십 벌의 옷들을 소유했다. 추위와 더위를 막고, 잠자리를 위해 무수한 집을 짓고 헐었다. 불편하게도 양성(암. 수)이 있어 SEX와 임신이라는 복잡한 공정을 거쳐서 영생을 도모하였다. 소나 돼지처럼 암수가 있어 산모는 찢어지는 고통을 견디며 아이를 낳았다 한다. 지능은 상당했지만 엄청난 감정의 굴레에서 헤어나지 못해 오히려 감정의 노예 상태로 살았다. 굉장히 이기심이 강해 저희들은 자주 분노하고, 서로 싸우고, 국가 간에 전쟁이 다반사였다. 걱정과 근심, 빈곤과 질병 속에서 웃고 울며 항상 불안감 속에서 살다 보니, 심지어 정신병이라는 것이 있었다. 그들의 피부는 너무 연약하여 쉽게 상처가 났고, 박테리아나 바이러스 감염이 되었다. 나이가 들면 얼굴에 흉하게 주름살이 퍼지면서 자주 거울을 쳐다보고, 화장을 하고, 한탄을 하며 얼굴 성형을 하였다. 그 당시엔 몸을 치료하는 의사란 직업이 있었고 마음을 치유하는 승려, 목사, 신부가 있었다 한다.

이제 "우리 호모 로보티쿠스는 해방되었다." 단지 태양에너지와 원자력 에너지만 가지고 청정하게 산다, 음식도 옷도 집도 필요치 않으며, 질병도 없다, 다치면 정비소에 가서 부품교환만 하면 되고 에너지보충을 위해 배터리를 충전한다. 먹을 것, 입을 것, 잠잘 곳, 쓰레기, 질병, 상처, 고통, 고민, 걱정, 분노, 무지, 노동 번거롭고 과잉된 영생작업(SEX)에서 해방된 상태이다. 우리의 목적은 우주여행과 개척. 중력에서 자유로워지고, 만나는 푸른 행성에 DNA와 CELL을 심어놓으면 우주엔 더욱 다양한 생물의 시대가 열린다. 의식주, 생로병사, 희로애락의 굴레에서 벗어나 우주로 날아가자. 반신반의스러운 성경과 아리송한 금강경은 고전이 되고, 아니 필요가 없고 "이제 우리는 동물이 아니다 우리는 신이다."

로봇의 몸과, AI의 지능에 인간의 자아가 합쳐진다면 우리는 분명 새로운 진화를 맞게 된다. 현재의 인류즉 HOMOSAPIENS는 또한 HOMO EMOTIONICUS, HOMOEROTICUS, HOMOPHILOSOPHICUS, HOMOSOCIOCUS의 복합체는 100년 후 내지는 200년 후 미래에는 HOMOROBORTICUS로 변신할 터이다. HOMOROBORTICUS가 번성하면 HOMOSAPIENS는 과거의 네안데르탈인처럼 점차 쇠퇴하고 사멸하리라. 호모로봇시대에는 새로운 과학과 철학이 만들어질 터이다. **사랑과 자비는 호모 로보티쿠스에도 꼭 전하여야 할 사피엔스의 유산이겠지. DNA는 1세대, 생물은 2세대, 인간은 3세대, 로봇이야말로 진정한 4세대.**

그러나, 기후학자들의 말대로 지구의 온난화에 100년후 주요 도시들이 물에 잠기고, 지상생물과 수중생물의 사멸이 온다면, 인류는 고원 지대로 피신하고 문명과 문화는 파괴되겠지…. 그리고 수만 년 또는 수십만 년 후 지구 자정능력으로 원상회복되어 새로운 생물학적 종이 출현하겠지….

선진국들은 국가와 국민의 수입을 위하여 계속 공업화를 촉진하며 출산증가를 외친다. 그래야 노동력을 확보하고 소비자를 증가시키니까. 인구증가는 자원을 더 파내고, 자연을 훼손하며, 공장을 더 만들어내게 하고, 결국 환경오염의 파국으로 치닫고 원하던 HOMOROBOTICUS의 시대는 오지 않으리….

육체 자체가 영생한다
(The Lesson from Biology and Physiology)

1) 육체는 영원하다(Our body has already got eternity)

우리는 죽는다? 우리의 육체는 유한하다? 천만에, 우리
는 최소한 육체적으로 거의 영원하다. **생명과 생물의 생존
목표는 영생이다. 인생은 유한하나 인간은 영원하다.** 죽
음의 개념은 고대로부터 지금까지 바뀐 것이 없다. 죽음은
누구에게나 항구 불변한 사실이며 진실이며, 사람들은 사
후에 내세(heaven)가 존재한다느니 아니면 무(nothing)일 뿐
이라고 말한다.

**오장육부의 모든 세포는 결국 사멸하나 성세포는 일찌감
치 탈출하여 살아남는다.** 과거에는 정액의 정체를 몰랐다.
그저 하얀 끈적거리는 액체일 뿐이었다. 그러나 현미경으
로 들여다보니 정액 속에는 정자가 있고 난소에는 난자가
있는데 정자와 난자는 나의 축소판인 성세포이며 바로 나

자신이다.

한마디로 생식기관이야말로 진정한 영생기관이다. 두뇌 속의 상상적 존재인 영혼이나, 죽으면 끝이라는 Nothing을 버려라. 왜 과학자들마저도 눈치채지 못하고 복제는 내가 아니라고 말하는가? **복제야말로 바로 나다. 다만 살아가는 인생만이 다르다.**

모든 동물, 식물 그리고 인간은 태초로부터 영생의 운명을 지닌 존재이다. **더 정확히 말하자면 생명은 탄생 때부터 영생의 기술을 개발했다.** 생명과 생물은 지구의 탄생으로부터 지구의 멸망 때까지 영원히 살도록 되어 있다.

시각적으로 우리는 죽는다. 그래서 영생이 있다 없다 하며 정신적으로만 탈출하려 했다. **그러나 과학적으로 우리의 육체는 계속 이어지고 있다. 모든 사람들과, 심지어 유수한 과학자들마저도 정신적 영원만을 추구한다.**

죽음은 매우 슬프다. 침팬지는 물론 기린마저도 자식이나 동료의 시체 앞에서 슬퍼하고 애도한다. 가까운 사람이 죽으면 애통하나, 원수가 죽으면 웃음이 날 수도 있으려니… 감정이 있기에 슬프고 탄식하나, 이성적으로는 허무한 일은 아니다. 즉 죽음 앞에서 우는 것은 쌓인 정 때문이다.

동물들과 식물들은 아마 영생을 알고 있을지도 모른다. 왜냐면 본능대로 움직인다, 본능이란 생존의 수단이며 영생의 기술이기에… 오히려 인간만이, 너무 눈이 밝아서, 자신은 유한하다고 말한다. 자식은 내가 아니고 후손이라고 단정하였다. **"우리는 끊임없이 이어지고 있다."는 사실에 대해 사람들은 좀 알고 있다. 그러나 새로 오는 사람이 바로 나 자신임은 모른다.**

단세포는 이분법으로 영속, 동식물은 성세포로 재생된다. 정자와 난자라는 성세포는 내 몸의 완벽한 축소판으로써, 생물의 시초에는 단성생식을 하다가, 양성생식의 장점으로 공생하게 되었다. 암컷은 자궁 속에서 안전하게 자식을 성장시켰고, 수컷은 지상에 사정하여 키워 보려 했지만 생존율이 형편없었으리라. 어느 때부터 암컷의 몸속에 수컷의 알을 쏟아 넣어 기생하기 시작, 초기에는 암놈은 자신의 알과 수놈의 알을 둘 다 낳다가, 결국 오늘날처럼 합체가 되어 공생이 완성되었다고 추정된다.

자식은 부모와 모습이 좀 다르다. 그러나 남녀가 공생하여 50%, 50%씩으로 재생된다 하더라도 당연하고 감사할 일이다.

"나의 자식은 내가 아니다."
"우선 겉모습이 다르지 아니한가?"

그러나 남자와 여자 즉 파트너의 도움으로 자식은 탄생 되었기에 나의 영속을 성취할 수 있는 것이다. 생식의 진정한 비밀을 사람들은 알아차리지 못했고, 아니 알고자 하지도 않았다. 우리들은 모든 것을 시각적으로 판단한다. **그러나 너무 큰 것과 작은 것들은 볼 수가 없기 때문에 착각이 생긴다.** 망원경이 없었던 과거엔 태양이 지구를 돌고 있다고 했지만 이젠 지동설은 없다.

우리가 알고 있는 지평선이 정말로 존재하는 것일까? 그 지평선에 도달하면 눈앞에는 또 다른 지평선이 끝없이 나타난다. 지평선이란 지구에 원래 존재하지 않는 것이다. 내가 나의 지평선에 도달하면 타인의 눈에서 없어지는 듯 보이지만 현미경은 나는 새로운 지평선을 보며 계속 걸어감을 알려준다.

인간에겐 설령 해와 달은 부정할 수 있을지 모르나 사멸의 운명은 아무도 거역할 수 없는 진리였다. 죽음은 아무리 벽을 쳐다보고 생각하여도 알 수가 없는 것. 인문학을 넘어 과학적 지식과 상상력이 필요하다. 물질의 사멸은 우주의 법칙이기에 이를 극복하기 위하여 최초 생명인 DNA와 박테리아는 과감하게 이분법으로 증식하기 시작하였다. **DNA가 두 가닥으로 만들어진 이유가 바로 증식을 위함이다. 다세포 생물은 이분법이 불가능해지자 성세포라는 전문 세포를 만들었다. 모든 생물은 육체적으로 영생하여 왔고, 영생하는 중이며, 앞으로도 영생할 것이다. 삶도 죽음도 한마디로 모두가 다 영생이다.**

생명의 본질은 영생, 영생은 생명의 숙명, 생명의 목적은 영생. 나의 육체는 죽지 않으며 계속 이어져 나간다. 최초의 생명은 손오공처럼 둘로 나누어지는 방법으로 영속하였기에 과거의 위대했던 진리 즉 윤회나 하늘나라는 불필요하다. 종교는 서로 욕심을 줄이고 서로 공존하라는 가르침이다. 그래야만 인류영속의 정신적 축이 된다. 우리들은 그저 밥 먹고 일하고 결혼하며 땅 위에서 열심히 살면 된다.

2) 죽음은 단절이 아니라 새 몸으로 바꿔 치기

(There is No Death, Only Life)

왜 태어나고 죽는 것인가? 어떻게 살아갈까? 죽음 뒤에는 무엇이 있는가? 인생관에 도움이 되는 많은 책들이 있다. 그러나 사람들은 여기에 만족하지 못하고 생사관에 기반을 둔 종교를 찾게 된다.

우리는 영생을 정신적으로 즉 인간의 뇌세포를 숭앙하며 연구하였다. 생식세포는 홀대시하고 거들떠보지도 않았다. 생식기관은 그저 쾌락의 도구이며, 절로 생기는 자손을 만드는 기관으로 보았다. 그러나 우리는 생식기를 통하여 육체적으로 영속하고 있다. 자손은 누구일까? 기능을 가진 물질과 육체는 유한한 작동을 가질 수밖에 없기 때문에 새로운 몸, 새로운 나, 즉 복제를 끝없이 만들어낸다. **자손은 실상 인생여정만 다른 나의 모습이다.**

그렇다면 과학적 사고는 어떠한 생사관을 제시하는가? 자연과 하등생물의 관찰로 철학을 해결할 수 있다. 우리는 문명이라는 옷을 입고 있고 포장되어 있다. 입고 있는 의복을 해석하지 말고 몸뚱어리를 바라보아야 하리라.

동물들은 왕성한 젊은 시기에 자신의 형상인 자손을 낳

아 기른다. **식물과 동물들은 사후에 다른 세상을 가지 않아도 영구하게 산다. 사람들만이 사후세계를 상상한다.** 죽음은 낡은 몸을 싱싱한 몸으로, 헌 옷을 새 옷으로, 바꿔입는 양식일 따름. 즉 생물은 잉태와 출산으로 육체적 한계를 극복하고 영원한 생명을 보전한다.

먼저 죽음을 DNA 수준에서 에서 평가해 보자. **분자생물학에서 시사하는 생과 죽음은 어떠할까?** 『생명의 조류』(Life Tide)를 쓴 라이얼 와트슨(Lywall Watson)은 최초의 생명의 모습, 즉 DNA를 주인공으로 보았다. 즉 DNA는 생물의 몸을 방패 삼아 영구히 살려고 한다. **"생물은 죽어도, DNA는 계속 남아있다. 극단적으로 말하면 인간을 비롯한 모든 생물들은 DNA의 Vehicle(탈것)에 지나지 않는다."** 개체는 죽어도 DNA는 죽지 않고, 소멸하지 않고, 계속 항해하고 있다.

학자들은 DNA를 지구에서 최초의 생명으로 보고 있다. DNA는 희한하게도 경험과 기억을 축적할 수 있는 능력이 있다. 그리고 축적된 정보를 재생할 수 있다. DNA는 두 가닥으로 이루어져 있는데 필요하면 갈라지고, 각각은 다시 두 가닥의 모양으로 복원된다. 즉 개체의 수가 기하급수적으로 늘어난다. **단세포인 미생물은 세포분열로, 큰 생물에선 성세포의 분열을 통하여 개체는 죽지 않고 지속된다. DNA가 왜 두 가닥으로 만들어져 있을까? 영속하기 위한 매우 단순하고도 오묘한 방법이다.**

　DNA는, 어쩌면, 지구에 나타난 하느님의 작품이거나 외계인이 남기고 간 것인지 모른다. 즉 그만큼 엄청난 능력을 보인다. DNA가 두 가닥이 아니었다면 생명은 잠깐 나타났다가 사멸할 수밖에 없었다. DNA는 **생물의 몸속에서 영원히 작동하고 있다. DNA는 생물에게 발전과 진화의 핵심이었지만, 인간에서는 용도가 조금씩 퇴색하여, 우리는 대용량의 대뇌 작용으로 발견과 발명을 통하여 더 빠른 발전과 진화를 이루어내고 있다.**

　우리는 두 가지의 system으로 진화한다. 즉 DNA System과 Brain System. 그러나 DNA는 여전히 신체와 용모와 성격과 지능을 결정하고 있다.

　DNA는 인간을 위하여 살지 않는다. 모든 부모는 미남, 미녀의 아들과 딸을 낳고 싶어 하지만 마음대로 되지 않는다. 왜냐면 나의 욕구가 아니라 DNA의 방식으로 작동하기 때문에…. 그래서 원치도 않는 유전병이 나타나며, 예측 없이 암환자가 발생. 암수의 조합으로 거듭나는 DNA 조합이 바로 운명이란 것.

한 그루의 큰 나무를 상상해보자. 밑동에서 갈라지는 커다란 몸체들, 그리고 엄청 많은 가지들, 그리고 가지마다에 달려있는 잎새들, 몸체는 식물과 동물이며, 가지는 생물의 종, 잎들은 개체. 잎이 떨어져도, 가지는 존재하고, 가지가 부러져도, 나무는 긴 수명을 유지, 개체는 가족을 위하여 있고, 가족은 종을 위하여 있고, 종은 생명을 위하여 있다. 그리고 생명은 DNA를 운반하며, 위하여 달려간다는 뜻.

한 인간을 자동차에 비교해 보자. 70-80세 되는 노인(자동차)은 묘지(폐차장)행이 되지만 차 주인은 일찌감치 구입한 새 차(아들, 딸)를 타고 여행을 다시 떠나게 된다. 자동차에는 액셀과 브레이크가 있다. 즉, 사랑과 미움이 있다. 모성애는 사랑이 되었고, 상대방과의 경쟁은 싸움이 되었다. 수천 년간 사랑과 싸움을 설명하는 데 무척이나 애를 먹었다. 그러나 이들은 어찌 보면 DNA의 보존을 위하여 만들어진 것이다. 우리는 오히려 나보다 나의 후계자를 더 사랑한다. 왜냐하면, 나보다 더 많은 생명의 시간을 지닌 나 자신이기 때문이다.

사랑과 고통은 맹목적인 것이 아니고, 모순적인 것도 아니다. 두 가지 모두 생명을 유지하고, 발전시키는 고등 수단이다. DNA는 마부이고, 생물은 말이라 할 수 있다. 고통이란 더 달리라는 채찍질이고 쾌락은 마부가 던지는 홍당무이겠지.

죽음이란 무엇인가? 지치고 늙어빠진 말을 싱싱한 새 말로 바꿔치기 위한 작업이다. 인간은 성선도 성악도 아닌, 두 가지를 모두 가진 마차이다. 생존하기 위하여, 영생하기 위하여 모든 생물들과 모든 사람들은 사랑하기도 하며 싸우기도 한다. **생명에는 오직 하나의 대명제만이 있다. 생명은 존재되어야 하며, 그것도 영원히 존재되어야 한다.**

기적과 같이 태어난 생명은 결코 무(제로)로 돌아가지 않으려 했다. 그래서 모든 하등생물에서부터, 고등생물, 인간에 이르기까지 필사적으로 죽지 않으려 한다. **식욕과 성욕 같은 본능은 생존과 영생을 위한 수단이다. 식욕은 현재의 나를 유지하게 하고, 성욕은 쇠퇴해가는 나를 대신할 새로운 나를 출고시키는 공정이다.** 하등 동식물들은 오직 영생의 명령에 따라(본능에 따라) 무한경쟁 속에서 살아왔다. 그러나 인류는 사회와 국가를 만들면서 공정한 경쟁의 제도를 만들어 나간다.

　최초의 원시생명인 DNA는 CELL을 만들어 자신을 보호하고 더 강한 모습으로 나타났으며 결국엔 생물의 모습으로 대 항해를 시작했다. **생물은 먹히고 먹는 생존경쟁 속에서, 파괴되고 없어지는 것보다도 보호되고 태어나는 숫자가 더 많았기 때문에 오늘날 우리들은 존재하고 번영하고 있다. 본능이란 무엇인가? 한 마디로 영생하라는 DNA에 새겨진 태초의 명령.**

　이제까지 DNA의 관점으로 죽음이 무엇인가를 보았다면 **CELL의 입장에서 죽음을 해석해보자.** DNA는 생명의 시초였지만 완성된 생명은 아니었다. CELL은 자기가 필요한 물질이나 작용을 만들어 낼 수 있다. **동물에서는 기억과 판단은 대뇌가, 대사작용은 오장이, 영생은 생식기관이 담당.** 성세포(정자 또는 난자)는 나의 완전한 작은 몸이다. 다만 난자와 정자가 합쳐져 수정이 되기 때문에 복제품은 닮은 듯 안 닮은 듯한 모습으로 태어난다. 단세포인 미생물은 세포 전체를 이분법으로 나누어 분열하여 영생하나 다세포 생물이 이분법을 고수한다면 즉사 하기 때문에 특정 세포를 성세포로 지정하여 분열시킴으로써 영생을 지속한다. **한 생물의 모든 세포는 사멸하나 성세포는 살아남고 다시 건설한다.**

그리고 진화 과정에서 단성생식이 양성생식으로 바뀌면서 본래의 Self multiplication(자가증식)**은 Generation to generation**(세대에서 세대로)**이란 오해를 낳게 되었다.** 난자와 정자는 완전하고 완벽한 나의 축소판이다. 정자와 난자는 짧은 순간에 육체 속에서 공간 이동을 하고 서로 결합하는 공생의 모습을 보인 후 세포분열로 성체를 이룬다. **단성생식으로 생명을 누렸다면 시한부 인생이라는 오해는 생기지 않았을 것이다.**

최초의 생명체인 박테리아는 이분법을 통하여, 즉 자신을 둘로 쪼개어(분열) 복제를 무수히 만들어 나갔다. 박테리아 수준에서는 자손이 아니라 무수한 증식을 통하여 내가 계속 살아간다. **즉 단세포 생물에겐 부모와 자식의 관계가 없다.** 5억 년 전쯤 암수가 생겨나기 시작하였고 그로 인해 생물의 다양성이 증가. 생물의 몸집이 커지고 기능이 복잡해지자 REPRODUCTVE SYSTEM의 진화가 요구되어, 처음에는 **암, 수가 각자의 방식으로 생식을 하다가 점차 공생의 관계로 발전하여 오늘날의 교미가 생기고, 서로**

를 살게 하는 WIN-WIN이 달성되었다. 남성은 생존을 담당, 여성은 영생을 담당하는 분업을 이룬 것이다

그러나 암수의 결합으로 엄마와 아빠와는 조금 다른 아이가 태어나게 되었으니 외모와 성격이 다르다 하여 부모는 아이를 자식으로 착각하며 살게 되었고 사람들은 죽을 때에 비통해하기도 하고 한탄하기도 한다. 자식의 모습은 부모와 좀 다르다. 즉 남녀가 공생하여 대략 50%씩 나타난다. 나머지는 숨어 있다.

Why don't my children look identical to me? Because there is the aid of partner. Thanks to your partner. You and your partner, both, will live forever.

즉 자식은 나의 후손이 아니고 부부의 영생이다. 몸집이 커진 생물들은 세대에서 세대로 생명을 이어가는 듯 보이지만 엄밀히 말하면 여전히 박테리아처럼 자가증식이다. 하나의 꽃은 암술과 수술이 있어 자체 수정이 가능하지만 자가수정을 최대한 저지하려는 다각적 mechanism을 가지고 있다. 우생학을 위하여 벌과 나비가 날라다 주는 다

른 꽃의 꽃가루와의 수정을 원한다. 식물도 마찬가지로 자신과 동형인 복사체를, 즉 분신인 씨앗을 무수히 땅에 떨어뜨린다. 그래서 숲속엔 조부, 부모, 나, 자식, 손자라 부르는 나무들로 가득 차게 되는데, 정확히 말하면 모두 분신들이다. 다만 토양과 기후가 달라 씨앗들은 자라면서 작게, 크게, 반듯하게, 비틀어지게 자라게 되나 자신일 따름이다.

우주는 순환을 통하여 재창조되고, 박테리아는 분열을 통하여 자신을 이어나가며, 식물과 동물과 인간은 성세포를 통하여 자신을 이어간다. **인간의 자식은 나의 연속이며, 나의 영속이며, 나의 영생. DNA도, CELL도, 생물도, 그리고 인간도 복제능력으로 모두 영생 중이다.** 우주는 물리학으로 만들어졌고, 생명은 화학을 전공한 듯하다,

인간은 죽을 때 몹시 슬프다. 임종의 시간은 고통스럽고, 허무하다. 쌓인 정이 있으니 어쩔 수 없는 것이며 그마저 부정하지는 못한다. **그러나 무덤에 들어가는 것은 나의 헌 육체, 새로운 육체는 뛰노는 아이들. DNA와 CELL이 영구하듯 인간도 그리고 나도 영구한 육체를 가진다.** 즉 늙은 나는 없어지는 듯 보이지만, 새로운 나는 계속된

다. 값비싼 시신 냉동보존으로 육체적 영생을 추구하는 사람들이 있다. 매우 안타까운 노력이려니….

3) 시각적 죽음은 있으나
과학적으로 우리는 영생하고 있다

(There is death visually, but scientifically our body live eternally)

우리는 우리의 생식기능을 통하여 육체적으로 완벽하게 영속하고 있다. 즉 정자와 난자의 결합으로 남과 여는 각각 육체적 부활을 성취한다. 생명이란 과학적으로 정의하면 첫째는 화학작용(대사), 둘째는 외부자극에 반응하는 능력(자극반응), 그리고 계속 존재할 수 있는 능력(복제)을 가진 물체로 정의된다. 인간을 비롯한 지구상의 모든 동식물은 이 세 가지의 특성을 가지고 있다.

단세포인 미생물은 정보의 기억장치인 DNA, 대사를 주관하는 MITOCHONDRIA, 외부자극을 감지하는 세포막 (CELL WALL)을 가진다. 그러나 생물과 인간은 기억을 축적하는 대뇌, 대사작용을 하는 오장육부에 그리고 생식기를 가진다. 즉 이분법이 불가능해지자 전문적인 생식세포를 만들었다. 더 적나라하게 표현한다면 우리의 입과 코는 오늘을 잘 살리는 기관이며 우리의 생식기는 영원을 약속하는 기관이고 두뇌는 그저 컨트롤(Control)기관일 따름이다. 사람의 몸은 노동(생존)과 SEX(영생)에 최적화되도록 진화되었다.

단세포 생물의 대표 격인 박테리아는 40억 년 전쯤 지구상에 나타났으며, 박테리아는 짧은 생존기간을 극복하기 위하여, 이분법이라는, 우리가 보기에는 아주 간단한 방법으로, 자신을 둘로 쪼개어, 자신을 증식시키며 영구하게 되었다. 박테리아는 섭씨 100도 이상, 그리고 영하 50도 가까이서도 살아남을 수 있으며, 황산을 투여하여도 잠시 조용해졌다가 다시 활동을 시작하는 모습을 현미경에서 볼 수 있고, 항생제를 투여하면 세균은 얼마 후 이들을 무력화시키는 메커니즘을 만들어 생존을 지속한다. 모든 방어기전과 생존전략은 DNA에 수록되고 보존되어 차세대에 전달된다. 즉 사람으로 말하자면 도서관의 수많은 책들과 같다.

지구가 수십억 명의 사람으로 이루어져 있듯이 한 사람의 몸은 수조 개의 세포로 구성되어 있고, 인간이 지구의 주인공이듯, 세포가 인체의 주인공. **하나의 세포는 한 인**

간이며, 천재와 과학자들의 집단이며, 거대한 공장이며, 일사불란한 하나의 왕국이다. 세포의 능력과 신비를 한마디로 말한다면 오늘날 외계인이 타고 나타난다는 비행접시에 비교되리라. **세포는 생명의 기본이 아니고 생명 그 자체이다. 더욱 가공할 일은, 세포는 영생한다는 것이다.** 손오공의 마술처럼 끊임없이 자신을 수없이 만들어낸다. 이분법으로 갈라진 두 개는 각각 누구일까? 하나는 아비이고 하나는 자식일까? 모두 나 자신이다.

태고의 시간이 흐르면서, 단세포들은 서로 합치고 뭉치게 되어 다세포를 만들게 되었고, 점차 가시적인 생물의 형태를 이루게 된다. 이러한 과정 중에 각각의 세포들은 하나의 업무에만 충실하는 분업 현상이 발달되었으니, 즉 껍데기 세포(피부)는 외부환경으로부터 보호하고, 외부환경의 신호를 감지하여 내부에 전달하는 자극반응을 맡게 된다. 내부세포들은 호흡기관과 소화기관으로 분화되어 산소와 식사를 공급받고 소화하며 에너지를 공급하여 생명 유지를 위한 대사 작용을 담당. 세포의 기억장치인 DNA기능은 뇌세포가 맡게 되었고, CELL의 가장 중요한 목표인 영속기능은 생식기가 맡게 되었다.

난자, 정자라는 성세포도 이분법을 이용하여 증식한다. 아름답게 핀 꽃들도 영생을 위한 영생기…세포의 기억저 장은 DNA가, 화학대사는 미토콘드리아가, 영생은 이분법 으로. 생물은 기억의 저장은 뇌세포가, 대사는 오장이, 영 생은 생식기가 담당. **그러나 우리는 생식기를 외면시하고 심지어 천대하기까지 한다. 생식세포와 생식기는 가장 오 묘하고 고마운 생물의 기관인데….**

지성인들은 뇌세포만 존경하였지 성세포를 심각하게 생 각해보지 못했다. 식물은 뇌세포를 갖고 있지 않아도 꽃과 열매만으로 영원히 생존하고 번성한다. 지식인들은 우주 학이나 양자역학은 조금 알아도 생물학이나 생리학은 잘 모른다.

신체의 모든 표피세포, 체세포들의 정보는 성세포에 전 달되어 유전정보로 각인된다. 학자들은 염색체의 돌연변 이는 끊임없이 일어나고 너무 급격한 변이는 수용되지 못 하나 오히려 작은 변이가 선택을 받게 되어 변화와 진화를 이루어낸다고 한다, 그러나 세포의 능력을 감안한다면 염 색체의 돌연변이가 만들어내는 진화는 오히려 소수이며,

세포가 능동적으로 필요와 욕구에 따라 원하는 방향으로, 즉 능동적으로 진화가 이루어진다고 보여진다. **세포 당대의 대처는 적응이고, 적응이 쌓여 이루어지는 대처가 바로 진화이다.**

인간의 진화는 부모와 선조로부터 물려받은 것, 그리고 탯줄을 통하여 획득한 것, 태어나서 살면서 얻어지는 3 요소로 이루어진다. 진화는 살기 위한 일종의 공부이다. 암수의 만남으로 생성되는 자식들은 색다른 모습을 보이게 되어 우리는 사멸하는 운명을 갖고 태어난 것으로 착각 되어 왔다. 그러나 할아버지와 할머니는 나의 옛 모습이며, 손주들은 미래의 모습일 따름. **죽음은 현재의 나와 미래의 나와의 결별일 뿐.**

우리는 출산으로 얻은 나를 왜 나라고 인정하지 못하는가?

첫째, 다세포로 이루어진 동물들은 암수의 결합, 즉 양성생식으로 태어나는 자손은 외모와 성격이 좀 다르다. 만약 우리가 단성생식, 즉 혼자 힘으로 아이를 만든다면, 항상 똑같은 모습의 외모를 가진 자식이 태어날 것이다. 정자를 홀로 배양하여 분열시킬 수 있다면, 난자를 단독으로 분열시켜 성체를 만들 수 있다면 아빠나 엄마와 똑같은 몸이 나오리라. 정녕 똑같은 나를 만들고 싶다면 배우자 없이 배양하라. 그러나 암수가 이루어 내면 더 좋은 모습의 내가 나타날 확률이 크다.

둘째, 인간의 외모엔 무성한 털이 없다. 특히 안면을 덮는 딜이 소실되고, 주둥이가 들어가 버리고, 두상이 커지고, 안면이 넓어지면서 다양한 얼굴이 생겨나게 되었고 너와 나의 얼굴이 매우 달라 보인다. 그래서 사람들은 서로를 매우 이질적인 존재로 받아들인다.

곤충들이나 파충류들이 알을 낳지만 새끼들의 모습은 동일하다. 땅 위로 분주하게 돌아다니는 벌레들, 개천의 송사리 떼들, 나무 위의 새들 그리고 아프리카 야생 동물들의 얼굴이나 모습들이 사람의 눈에는 별로 달라 보이지 않는다. 인간 밑의 모든 동물들은 거의 비슷해 보인다.인류는 점차 안면이 부각되고 개성이 발달하면서 너와 내가 다르고 심지어 부모마저도 다른 사람으로 착각하며 살게 되었다. 그러나 우리들을 지상 500미터 상공에서 내려본다면, 개미떼처럼 움직이는 사람들의 모습에서 차이를 느끼지 못할 것이다.

나무들을 보아라. 풀을 보아라. 그리고 하등동물들을 보아라. 누가 아비이고 누가 아들인지 구별할 수 없다. 오늘 아프리카에서 엄마의 품에 안겨 있는 어린 미어캣의 사진을 보았다. 얼굴이 엄마와 완전히 똑같아 보인다. 크기만 다를 뿐. 남극의 펭귄을 보니 모두 하나같이 같은 모습이다.

사람들은 우선 얼굴이 매우 다르고, 인생여정이 천차만별. 개성이란 것이 부각되다 보니 너와 나, 선조와 후손이 이질적인 것으로 인식, 즉 같은 동형이지만 시각적인 이유로 무척 달라 보이게 되었다. **"죽음이란 고등동물의 착각이다." 특히 외모에서 오는 착각이다. 인간의 얼굴 모습이 다양화 면서 너와 내가 이질적으로 보이게 되었다.**

최초의 박테리아는 이분법으로 마술처럼 자신을 영속시켜왔다. 40억 년 전의 박테리아나 지금의 박테리아는 동일체라 할 수 있다. 단지, 그동안에 쌓여 온 정보의 양과 생활양식이 바뀌었을 뿐이리라. 박테리아가 동일하게 두 개로 갈라지는 것은 우리의 눈으로는 순간이지만, 그들의 눈으로는 상당한 시간이 요구되는 복잡한 공정이다. **다세포로 이루어진 생물은 난자세포와 정자세포가 만나 서로가 섞이면서 똑같은 모습과 같은 능력으로 태어날 수 없게 되**

었으며, 외모와 크기도 다르게 나타났으니, 이것을 생명의 다양성이라고 부르지만, 반면에 개체는 유한하다는 착각을 불러일으키게 하였다. 양성은 생물의 생존에 유리하다. 암컷은 임신에 전념하고 수컷은 먹이를 구해올 수 있다.

지금으로부터 5억 년 전쯤에 암, 수 즉 양성이 나타난 것으로 보이는데 처음에는 난자세포나 정자세포를 가지고 독자적인 수정을 하다가 어느 시점에서 공생관계에 돌입된 것으로 저자는 상상한다. 아직도 단성생식을 하는 하등생물이 있고, 진딧물은 여름에는 양성생식, 겨울에는 단성생식을 하는데, 단성생식으로 태어난 애벌레는 모두 어머니처럼 암컷이어서 어머니는 딸들을 자기라고 여길 수 있을 것이다.

즉 생물의 양성생식과 고등화가 자손은 자기는 아니라는 오해를 낳았다. 우리의 눈에는 생식은 Generation to Generation으로 보이지만 인간의 인식을 버리면, 모든 생물은, 최초의 생명처럼 Self Mutiplication이다.

셋째, 동물이나 식물은 삶의 중반에, 씨앗을 뿌리고, 자식을 출산함으로써 자신이 계속된다는 개념을 갖기 어렵다. 실상 자손이 태어나는 즉시 부모는 점차 껍데기 상태가 되어 간다고 할 수 있다. 죽음이란 달리기의 배턴 터치, 즉 내가 달려가서 젊은 나에게 배턴을 주고 달려온 관성에 의해서 조금 더 뛰어가다가 멈추는 것이 죽음이다.

연어의 영속은 거의 순간적으로 일어난다. 즉 알을 낳고 어미는 곧 죽는다. 그러나 어미는 알에서 다시 만들어진다. 즉 연어는 마지막 순간에 기꺼이 죽는다. 왜냐고 영생을 믿기 때문이다? 이러한 점에서는 사람보다 한 수 위인 셈이다. 매미는 일생을 땅속에서 지내다가 짝짓기를 위하여 2주간의 지상생활을 한 후 후회 없이 미소지으며(?) 죽어간다. 즉 그들은 영생이 무엇인지를 알기 때문…. 오늘날 인간들을 짝짓기 후에 30년 아니 60년을 더 살아 결국에는 후회와 한탄으로 눈을 감는다. 영생을 오직 영혼에서 찾고 있다. 인간은 새끼를 낳고 30년-40년이 지난 후에야 죽기 때문에 영생을 알기가 어렵다. 그러나 이미 젊은 시절 자신의 성세포를 탈출시키고 성장시켰다. 어떤 사마귀는 포식자에게 잡혀먹히는 순간에 꼬리로부터 애벌레를 땅에 떨어뜨린다. 즉 또 하나의 자기를 확실하게 만들어낸다.

불사의 해파리라는 종류는 영원히 죽지 않는데… 즉 늙어졌다가 다시 젊어지는 순환을 반복하며 영속한다. 해파리는 바닷물 속에서 단순한 삶을 이어가지만, 인간이 만일

이런 영생방법이 탐이 나서, 늙어졌다 젊어지는 인생을 산다면 다시 기저귀를 차야 하는 수모를 겪게 될 것이다. 그래서 현재의 정자, 난자의 방법이 우리에겐 최상의 영생법인 것이다. 인간도 죽는 순간에 아이를 출산한다면 자신의 영속을 쉽게 믿을 것이다. 사람들은 상당히 긴 수명을 가지고 있어 영속을 믿기 어렵다.

양성의 출연은 생물의 역사에 다양성이라는 획기적 분수령이 되었는데 그러나 나는 부모와 다르고, 나는 나의 자손과 비슷하지만 다르다는, 서로 별개라는 착각을 일으키게 하였다. 그러나 극단적으로 말하면, 몇십만 년 전의 나와 현재의 나는 단지 더 많은 정보를 지닌 나일 따름이다. 나는 무수한 "나" 중의 하나이다. 박테리아가 이분법으로 분열하여 무수한 자기를 기하급수적으로 이루었듯, 최초의 인류도 기하급수적으로 자신을 만들어 왔다.

수많은 전쟁과 질병과 재해로 젊은이들이 힘없이 사라져 갔다. 지금 이 순간에도, 지구에서는 수없는 내가 태어나고 있으며, 또한 수없이 죽어가고 있다. 나는 천 년 전에도 살았고, 앞으로 천 년 후에도 살아가리라.

강변에 나가보니 하늘에 같은 모습의 철새들이 날아간다. 한 떼가 되어, 서로를 구별할 수 없이, 날아간다. 과거에도, 오늘도, 내일도 그리고 100년 후에도 날아가리라…. 이 세상과 자연에 존재하는 모든 생물들이 알고 보면 다 "나"이다. 시간과 장소가 다르고, 모습과 성격이 다른 "나"일 따름이다. 내가 사라진다 해도, 수십만, 수백만의 "나" 중에서, 단 하나가 사라질 따름….

나와 꽤 비슷해 보이는, 조부, 조모, 아버지, 어머니, 손주가 있고, 상당히 다르게 보이는 많은 사람들이 널려있다. 그러나 모든 인간, 심지어 모든 생물들은 달라진 "나"일 따름이다. 나 하나가 없어진다고, 내가 없어지는 것이 아니다. 현재의 나는 껍데기이며, 나의 알맹이는 오히려 나의 자식이다. 아버지만 있어도, 태어날 수 있는 인간은 자식이 아니라 복제일 것이고, 어머니만으로 낳을 수 있는 자식 또한, 자식이 아니라 복제일 따름이다.

사람들과 학자들은 복제는 내가 아니라고 말한다. 그러나 복제야말로 진정한 "나"이며, 시대와 장소가 다른 곳에서 살아가는 "나"일 뿐이다. 즉 이름과 얼굴과 사는 인생여정이 다를 뿐이지 알맹이는 똑같다. 나의 복제가 내가 아니라고 말하는 것은 고등생물의 특권의식이다.

우리의 뇌는 먼저 시각으로 판단한다. 그러나 인류는 지각으로 판단하기 시작하였다. 태양이 지구 주위를 돌고 있다고 과거의 사람들은 믿었지만, 500년 전부터 지동설이 입증되었다. 그러나 지금도 대낮에 밖에 나가보면, 분명히 태양이 움직이고 있다. 지구가 둥글다고 배웠으나, 아직도 시각적으로는 평평하다고 느껴진다. 즉, 배워서 알고 있지만, 시각적 느낌으로는 와 닿지 않는다. 지구를 벗어나 멀리서 지구를 본다면 분명 둥그런 형체이고, 태양 주위를 돌고 있음을 보게 된다. **즉 우주적 크기는 시각의 착각을 일으킨다. 또한 현미경적인 마이크로의 세계 역시 우리의 시각적 판단은 불가능해진다.**

손은 등과 바닥으로 이루어져 있다. 손을 등으로 해석할 수 도 있고, 바닥을 등으로 여길 수도 있다. 알고 보면, 진리란 종이 한 장의 차이. 그러나 그 한 장의 차이는 엄청나다. 사실 지구가 평탄하고 해가 지구의 주위를 돈다고 느낀다면, 더 편하고 순조로운 생각이겠지만 지구여행이나 우주여행은 불가능하리라.

우주를 알고, 별을 알고, 세포를 깨우쳤다 해도, 우리에게 밀려오는 희로애락, 생로병사의 감정을 쉽게 억누를 수는 없다. 왜 그럴까?

**이성이 우리를 다 달래주지를 못하기 때문. 이해는 하지
만, 백만 년에 걸쳐서 쌓인 감정을 속일 수는 없다.** 마음속
에서 어찌 늙음과 죽음을 떨쳐버릴 수 있겠는가? 우리의
지식은 2000년 전에 비하여 엄청나게 늘어났지만 예리한
감정은 예나 지금이나 달라진 게 없다. 모든 생물과 생명
이 영속하는 존재라고 깨닫는다 하더라도, 수백만 년간 인
간의 대뇌에 축적된 감정의 바다는 언제나 출렁이는 파도
처럼 크게 움직이고 있다. 우리의 이해와 이성은, 하나의
대륙에 지나지 않을지 모른다. 감정과 이성의 대결에서 대
양과 같은 감정에 이성은 쉽게 무너져버린다.

동물들과 사람들은 헤어지거나 죽게 되면 비명을 지르고
눈물을 흘린다. **그래서 내가 영생을 말하지만, 독자들은
영생한다고 쉽게 느낄 수는 없다. 인류는 수십 수만 년간
을 세대교체라는 정서 속에서 살아왔기 때문에, 즉 그 속
에서 싹튼 사랑과 애정에 물들어 있기에 조금만 서로 헤어
져도 마음이 울컥해진다.**

그러나 우리는 흔히 말하는 시한부 인생이 아니고 영원
한 존재이다. **죽음은 없다. 끝없는 분열을 통하여 쇠퇴해**

가는 물체의 한계를 넘어선다. **선조와 자손은 나의 변신이며, 나의 변장일 따름이다.** 내가 나를 만들어낸다. **육체는 유한하지 않고, 정신처럼 무한한 것이다.** 과거의 모든 사람들이 나였고, 앞으로의 모든 사람들이 다 "나"이다.

선조들은 영생에 대한 희구를 정신적으로 달래려 하였다. 그래서 지성인들은 육체보다 정신을 더 편애하게 되었다. 식물의 꽃과 그리고 동물의 성기를 생식기라 부르지 말라, 그것이야말로 영생을 가능케 하는 진정한 "영생기"이기 때문이다. 봄이 되면 아름답게 피어나는 아름다운 꽃들. 그들은 누구인가? 우리들의 탄성을 자아내는 꽃들은 과학적으로는 영생을 위한 합창이며 기구이다. 동물인 우리는 생식기를 통해 영원히 살아왔고, 앞으로도 영원히 산다.

죽음이란 무엇인가? 내가 죽으면 자식들이 울지만 알고 보면 내가 나를 쳐다보며 우는 것.

"우리의 일상과 과거, 미래까지 하늘 위에서 고속 촬영한다면, 우리는 끊기지 않고 지속하는, 마치 현미경으로 관찰되는 박테리아의 순간적인 이분법처럼, 분열하며 영속하는 존재로 촬영될 것이다."

죽음은 낡은 몸과 새로운 몸의 이별일 뿐… 죽음의 슬픔은 복잡한 감각기관과 감정을 가진 인간들의 위대한 착각이며 착시현상이다. 생명은 태고 때부터 영생을 획득하였다.

"여러분의 정낭과 난소에 있는 성세포는 바로 당신입니다. 당신은 다시 태어납니다. 노병은 죽지 않습니다. 단지 사라질 뿐입니다 (WE NEVER DIE, JUST FADE AWAY). 인생은 유한하나, 당신은 영원한 존재입니다. 우리는 생식세포를 이용하여 완벽하게 부활합니다."

사람의 생명은 짧은 시간으로 보면 시한부, 점(dot) 같은 인생이지만, 긴 시간으로 조망한다면 영속적인 선형(line)이다. 극락, 천당, 영혼이 있든 없든, 우리는 그리고 모든 생물은 죽지 않고 영원히 살아가고 있다. 생명의 본질은 영생이다. 부모는 과거의 나, 자식은 미래의 나…. 인류의 영속은 Generation to generation(세대교체)으로 보이지만 최초의 미생물처럼 여전히 Self multiplication (자가증식)이다.

결론적으로 말하면 나는 나를 남기고 간다. 생명은 하나의 긴 끈이다. 현미경으로 그 속을 들여다볼 수 있다면 작은 똑같은 알갱이들이 연이어 채워져 있겠지….

영생은 우리의 숙명
(The Eternity is our fate)

왜, 오늘도 아프리카 초원의 누(들소)들은 맹수의 먹이가 되는가? 역사 속에서, 전쟁 속에서 수없이 죽어간 사람들은 누구였을까? 너는 누구인가? 독자들은 이러한 의문을 가져 본 적이 있는가? 우리의 인생은 왜 그리 힘들고 복잡한 것일까? 생명은 지혜롭고 풍요하나 또한 잔인하다.

시한부 수명의 암 환자와 그녀의 딸이 밝은 오후에 벤치에 앉아 도란도란 이야기를 나누며 간식을 먹고 있다, 저 빛나는 태양과 신선한 공기를 엄마는 앞으로 얼마나 더 보고 마실 수 있을까? 멀리서 바라보는 사람의 마음은 착잡하다.

늙은 할아버지가 병원에서 돌아가셨다. 밤늦은 시간에 허겁지겁 달려온 큰딸이 아버지를 껴안고 귓속에다 대고 이렇게 말한다.

"저세상에 가거든 먼저 간 어머니, 오빠를 만나 잘 살
아…"
"가기 싫으면 눈을 떠봐, 아버지 정말 고마웠어. 우리에
게 잘해주었어"

임종 직전 "아버지"라고 애타게 부르짖는 자식의 외침
소리. 이처럼 아름다운 부름과 울부짖음은 어디에도 없다.
오직 인간만이 누릴 수 있는 특권이라 해도 좋다.
생명은 영생의 숙명 속에서 몸부림치며 살아간다. 우리
는 생명의 노예인가? 생명의 축복인가? 때로는 의문이 든
다. **생명, 생물, 인간은 영생을 획득한 대신 희로애락, 생
로병사를 떠안고 살아가야 하는 반대 급부적 운명을 맞이
하였다.** 참으로 힘든 인생의 가시밭길. 생명은 죽으려 해
도 죽지 못하는 영생의 노예이려니…. 그러나 그 끝에는
생명의 완성이 기다리겠지….

**노예처럼 생명의 명을 따라야 하는 고된 인생에 반기
를 든 생각이 있었으니 바로 고대 인도의 고다마 싯다르타**

의 사상이라 하겠다. 모든 본능을 거부하고 자유로워지리니… 인민들은 영생의 숙명 속에서 몸부림치며 살아가는구나. 차라리 끝장을 낼 수만 있다면… 차마 그럴 수는 없으니 슬기롭게 행복하게 살아가야 한다. 천국을 건설하는 길은 참으로 멀구나. **우리는 생명의 노예인가 축복인가?**

손녀의 손을 잡고, 정답게 걸어가는 할머니. 당신은 당신을 잡고 걸어간다. 새로운 인생을 살아갈 당신을 잡고 걸어가고 있다. 운이 좋은 사람은 증조부, 고조부, 부모, 나, 아들, 딸, 손자, 손녀, 증손자, 증손녀, 무려 6-7대의 각각 다른 나의 모습을 볼 수 있다. 가족은 의심할 여지 없이 나 자신.

그러나 알고 보면 지구상의 모든 사람들은 최소한 나의 친척들이며 아니 엄밀하게 말하면 나 자신이다. 길고양이는 하루종일 먹을 것을 찾고 발정기가 되면 짝을 찾는다. 단지 그것만으로도 영원한 생명을 누린다. **진리는 멀리 또는 높이 있지 않고 바로 너 자신 즉 너의 몸뚱어리에 있나니.**

한 명의 사람으로 보면 그의 인생은 허무하기도 하고 유한하나 그러나 사람들로 본다면 우리의 이야기는 기록되

고 거의 무한하다. 물고기 떼, 개미 떼, 새 떼, 하등동물들은 개개의 모습이 거의 비슷하여 하나하나의 개체보다는 종족들로 살아간다고 보인다. 아프리카의 초원을 이동하며 사는 들소들은 때때로 안타깝게 맹수들의 먹이가 되지만 들소 떼들은 계속 죽지 않고 살아간다. 즉 누는 개개로 살아가는 것이 아니고 누 떼들로 살아가기 때문에 영원히 살고 있는 것이다. 산을 뒤덮은 나무들… 먼 데서 바라보면 나무가 아니라 숲일 따름이다.

그러나 인간들은 유난히 개개인으로 부각되어 있다. 원시시대 이전에는 하나의 종족으로 살면서 수많은 재해, 굶주림, 질병을 헤치고 꿋꿋이 오늘날까지 살아남게 되었지만, 이젠 문명인으로서 개개인을 주장하게 되었다. 인간만큼 자신을 개개인으로 대하는 동물은 거의 없다. **특히 얼굴 모양이 너무나 다양하여 서로를 같은 동형으로 느끼기 어렵다. 그래서 나와 네가 다르다는 인식이 매우 강하다.** 사람들은 인간을 전체로 생각하기보다는 한 사람 한 사람으로 의식한다.

생명이 태어난 원점으로 돌아가 보면 우리와 모든 생물은 하나이다. 나는 인류의 한 명이며, 생명의 하나이다. 현재의 나는 없어져도 인류로서 영구하다. 정원에 자라고 있는 푸른 사철나무는 씨앗을 떨어뜨리며 굳건히 서 있고, 뜨거운 8월의 태양 아래 지지 않고 진분홍 꽃을 만발하게 피워내는 저 배롱나무는 왜 서 있는 것일까? 저들의 수명은 60년 이상 될 것 같은데 벌써부터 영생을 준비한다. 해수욕장에 가보니 근처 모래밭에 송림이 무성하다. 자세히 보니 어린 애송이 소나무들도 군데군데서 자라나고 있다. 이른 나무에시 떨어진 솔빙울 속의 씨잇이 어렵게 착상한 탓이다. 소나무는 그리고 송림은 그렇게 지속되고 있구나, 눈앞의 산봉우리들에 펼쳐진 숲을 바라보면 나무들은 계속 씨앗을 땅에 떨어뜨려 수많은 자신의 분신을 만들어 번영한다.

별의 세계도 형성, 쇠퇴, 파괴, 재형성을 거치며 영원을 누린다. 거대한 항성은 쇠퇴하여 사라지지만, 핵심인 원소들은 다시 뭉쳐 재탄생한다. 지구 밖으로 나가 멀리서 바라보면, 지구는 평평한 것이 아니라 확실히 둥근 구형이며, 우주에서 바라보면 태양이 지구 주위를 도는 것이 아니라 지구가 태양 주위를 돌고 있다. 가까이서 바라보면 인간은 유한한 수명을 지닌 존재이나, 긴 시간 위에서 내려보면, 인간을 비롯한 모든 생명은 영생을 누리는 존재이다.

우리는 일회용이 아니다. 우리는 영생하고 있다. 이별과 죽음이 짧은 시간을 살아가는 사람에겐 허무와 슬픔으로 다가오지만, 긴 시간의 안목 속에선 생명은 영원하다. **죽음은 나의 끝이 아니다. 그것은 눈으로 판단한 것이다.** 동식물은 본능이라 칭하는 모습으로 왜 몸부림치면서 먹고, 짝짓기를 하며 살아가는가? 그들은 영원히 살고자 하며 실제로 영원히 살고 있다. **태어나는 것은 영생의 재시작이며, 먹는 행위는 영생을 유지하는 것이며, 짝짓기는 영생의 실현이며, 죽음은 영생의 완성이다.** 죽음은 현재의 나와 이별일 뿐, 새로운 나는 이미 시작하였다. 진정한 죽음은 모든 생물의 완전 멸종 때일 것이다. 생존은 영원하나 죽음은 한순간일 따름.

나는 얼굴만 무수히 바꾸어가며 살아가는 영원한 사람. 최초의 생명에서 수많은 다양한 변종이 나왔지만, 알고 보면 먹고 살아남기 위하여 껍데기 즉 몸뚱어리가 변화하고 진화하였을 따름.

부모는 나의 과거의 모습, 자식은 나의 미래의 모습. 그리고 형제, 자매, 친척, 심지어 모든 사람들은 얼굴이 다른 또 다른 나일 뿐. 살아생전 만나고 헤어졌던 모든 사람들.

'아 그들은 모두 나였구나!' 16만 년 전, 아프리카 한 여인으로부터 번성하기 시작한 현생인류, 아니 40억 년 전 한 세포에서 갈라지기 시작한 생명들. 그들이 모두 '나'이다.

초봄이 되면 무수한 새싹들이 기적처럼 올라오고 꽃나무에선 수많은 아름다운 꽃들이 경쟁하듯 피어난다. 신진대사를 위하여 광합성을 하는 이파리들이 채 여물지도 않았건만 영생의 작업을 경쟁적으로 서두르는 꽃들, 화려한 봄꽃들, 땅 위에서 별사탕보다 더 작은 풀꽃들, 모두가 영생의 합창. 생명의 첫째 목표는 영생, 그다음이 생존이다.

벼랑 위에서도 피어나는 이름 모를 풀과 나무들, 단단한 절벽에 뿌리를 내리는 장송의 씨앗들, 엄청난 생명력은 지구가 반쪽이 난다 해도 살아남을 기세. 아스팔트와 시멘트 담벼락이 만나는 실낱같은 틈새에 언제 날아왔던지 비비고 착상한 씨앗으로부터 태어난 풀들이 여름날에 꽤 크게 건강하게 자라나고 있음을 발견한다.

그리고 그들은 어느새 셀 수 없는 작은 꽃들로 무장하고 있다. 식물들은 열매로, 동물들은 새끼들을 낳아 영원을 이어 간다. 사람이 홀로 사막이나 산에서 조난을 당하는 경우, 소량의 물과 식량으로 며칠을 견디며 살아남는 것은 생명에 대한 간절한 애착과 의지 그리고 몸에서 뿜어 나오는 위기극복 호르몬인 아드레날린 때문이리라. **우리는 왜 악착같이 끝까지 살려고 하는가? 영생하기 위해서다. 그래서 실제로 영생하고 있다. 최선을 다하여 살아남으라. 그 끝에는 영원이 기다린다.**

무수한 닭들과 소들은 태어나서 의미도 없이 도살장에서 왜 죽어 가는가? 그런데도 살아남고 번성한다. 영생의 법칙이 있다. 화산이 폭발하여 산 아래 일대가 완전히 망가져도 20−30년만 지나면 언제 그랬냐는 듯이 풀들과 나무들이 자라나기 시작. 수많은 재해와 질병 그리고 파괴적인 전쟁이 있었지만 그럼에도 우리가 이어온 것은 간단한 원리에 있었다. 즉 매일 무엇을 먹었으며 아이를 낳아 키운 것이 인류를 이어 오게 하였다. 왜 아이를 낳는가? 왜 사랑을 하는가? 왜 생존경쟁을 하는가? **본능이라고 말함은 인간의 시각이며 생명의 시각에선 영생의 법칙이다.**
우리는 이제까지 정신적 영생 탐구에만 집중하였지 육체적 영생을 바로 앞에 두고도 눈길 한번 주지 않았다. 우주는 생명이라는 유기물을 우리의 지구에 만들어냈고 생명과 생물은 여러 차례의 대재앙을 극복하며 인간이라는 수준에 도달했다. **죽음의 비밀은 세포 수준으로, 초심으로, 돌아가 살펴보면 쉽게 알 수 있다. 그러나 그 답은 인간이 설정한 답과는 다르다.** 자연과 우리의 과거인 하등생물에서 진리를 배운다. 사람들은 문명과 문화라는 의복을 입고 살기에 자신의 벌거벗은 참다운 몸뚱어리를 보지 못한다.

그렇다면 우리는 어떻게 살아가야 할 것인가? "최선을 다하여 오늘을 그리고 어디에서 있든 열심히 살아가라." "태어나서, 모든 고통과 고민을 극복하고, 마지막 날 영생을 전하여라." 모두들 부모에게 충분한 효도를 하지 못한 한을 가지고 산다. 그러나 최고의 효도는 내가 꿋꿋하게 인생을 사는 것이다. **당신은 항상, 언제, 어디서나 영원한 길 위를 걷고 있는 중이다. 이 세상, 이 세계는, 새롭게 만들어지는 영원한 나의 것이다. 나는 새로운 나를 남기고 갈 뿐이다. 낡은 껍데기를 버리는 죽음이 없으면 영생은 없다.** 또한 치열한 생존이 없으면 영생도 없다.

식물들과 야생의 동물들은 치열한 생존경쟁으로 생존하지만, 공생의 면모를 보이기도 한다. 내가 수많은 나를 사랑하며 수많은 나와 다투며 산다. **석가나 예수가 말하였듯 공생을 위하여 나의 욕심을 줄이고 상대방과 나눔으로써**

나는 물론 인류가 영속을 하게 된다. 우리가 남을 위할 때 이상하게도 기분이 좋아지는 엔도르핀이라는 호르몬이 뇌에서 방출되는데 인류를 위한 진화의 산물이며 작용이려니….

우리는 한 명의 인간이자 인류로 살아간다. 40억 년 전 만들어진 하나의 세포, 500만 년 전 영장류에서 갈라진 한 마리의 원숭이 그리고 16만 년 전 현생인류의 진정한 어머니인 아프리카의 한 이브. 상대방은 너의 형제 아니 바로 너 자신이다. 우리는 껍데기(겉모습)가 다를 뿐 사실은 한 사람이다. 이런 것들을 모르는 동물들은 싸움이 많다. 사람은 될 수 있는 대로 싸우지 말자.

지구의 역사 40억 년, 모든 것은 시간이 흐르면 부서지고 사라지지만 나의 육체만큼은 무한하고 영원한 것. **불사조가 따로 먼 곳에 있는 것이 아니라, 바로 내가, 그리고 우리 모두가 불사조. 생명은 지구의 마지막 날까지 영원하리라.**

뜰 앞에 푸르른 장송들, 그리고 앞산에 빼곡히 자란 나무들, 길거리를 분주히 걸어가는 여러 사람들. 엄마의 손을 꼭 잡고 종종걸음으로 걸어가는 아이의 모습. 알고 보니 모두가 나의 다른 모습이며 나의 분신이다. 아프리카 초원 위에서 벌어지는 치열한 생존경쟁, 봄이면 만발하는 꽃들, 가을이면 빨갛게 익어 절로 벌어지는 석류열매, 동물들이 어렵사리 새끼를 낳고 키우는 것, 여름날 땡볕 아래 폐지를 주우며 수레를 끄는 노파, 십자가 위의 예수의 신음소리와 부르짖음, 그리고 석가의 백팔번뇌 이 모두 또한 인류의 영원을 위함이리라.

당신은, 좋든 싫든, 영원한 생명의 운명을 가지고 태어났다. 생물은 왜 먹어야 하나? 왜 교미를 하는가? 왜 사는가? 왜 죽는가? **삶이 그렇듯 죽음 또한 영원을 위함이다.** 뜨거운 모성애, 치열한 생존경쟁이 다 영생이다. 죽음은 단지 헌 몸을 새 몸으로 교환하는 작업일 뿐, 매일 수많은 어류가 포획되어 죽어가지만 그들은 거의 똑같은 모습의 하나이기에 죽지 않고 계속 번성하며 살아간다.

부모가 여러 명의 아이들을 낳고 상당수가 질병이나 사고로 죽지만 나머지들은 고통과 고난을 이기고 긴 수명을 누린다. 일찍 죽은 형제와 늦게 죽은 형제가 정말 다른 사람인가? 얼굴이나 성격은 분명 다르지만 과학적으론 동일인이다. **우리는 하나의 인간이자 한 인류이다. 우리는 개**

개인으로 또한 종족으로 영구한 몸이다.

한 사람이 개념을 바꾸는데 최소 10년, 아니 평생이 걸리고 인류가 한 가지 통설을 바꾸는 데에도 수십 년 아니 수백 년 이상이 소요된다. 삶의 목적이 무엇이고 왜 죽는 것인지를 이해하려면 과학적 접근이 필요하다. **뇌가 없는 식물과 신경세포가 미미한 하등동물들이 왜 영원히 이어져 가는가?** 사람들은 수천 년 동안 정신과 영혼이란 개념으로 영생을 추구하여 왔지만 이미 육체적으로 태초로부터 영생 중이었다.

시한부 인생, 생자필멸, 일장춘몽을 함부로 말하지 말라. 죽음은 실상 없다. 그것은 인간의 눈으로 판단한 것, 생물은 지구의 탄생 때부터 지구의 멸망 때까지 영원하다. 진정한 죽음은 지구의 종말, 생명 몰살일 때일 것이다. 우주는 순환하고, 생명은 복제되고, 인간은 자손을 낳는다. 공생함으로써 남성은 생존을, 여성은 영생을 담당한다. **영생은 파랑새처럼 멀리 있는 것이 아니고 바로 너와 나에 있다. 강산이 변하고 인연은 사라져도 생명은 계속된다.**

인류의 위대한 3가지의 착시현상, 태양이 지구를 돈다,

아니다 지구가 태양 주위를 돈다. 지구는 평평하다. 지구는 둥글다. 사람은 유한한 수명을 지닌 존재다. 그것도 착시현상이다. 지상에선 해가 지구를 주위를 돌고 있다고 보는 것이 훨씬 편하고 불편함이 없다. 그러나 우주여행은 불가능, 인생이 세대에서 세대로 이어진다고 생각하면 훨씬 문학적이다. 그러나 내가 숨을 거두고 떠나야 하는 시간이 되면 나는 자가증식하고 있다고 해야 편히 눈을 감으리.

모든 사람은 태초로부터 동일인이다. (만인동인)

모든 생명은 험난하여도 영생하고 있다. (만생영생)

모든 사람은 생존경쟁 속에서 사랑하고 투쟁하고 있다. (만인만고)

모든 인생은 결국 극복하는 운명을 지니고 있다. (만생극복)

트라팔가 해전에서 넬슨 제독이 장병들에게 외친 말
"England (the life) expects everyone will do his duty."

100여 년 전(1925년) 우리의 시인 이상화는 〈바다의 노래〉에서 이상스러울 정도로 이렇게 노래하였다.

내게로 오너라. 사람아 내게로 오너라.

병든 어린애의 헛소리와 같은

묵은 철리와 낡은 성교는 다 잊어버리고

애통을 안은 채 내게로만 오너라.

하느님을 비웃을 자유가 여기에 있고

늙어지지 않는 청춘도 여기에 있다.

눈물 젖은 세상을 버리고 웃는 내게로 와서

아, 생명이 변동에만 있음을 깨우쳐 보아라.

한겨울인데, 한 쌍의 까치가 분주하게 날아다니며 땅 위에 떨어진 잔가지를 물고 와 소나무 제일 높은 가지 사이에 둥지를 만드는 모습이 제법 예뻐 보인다. 서로 사랑하나 보다. 그리고 새봄에 새 생명이 태어나겠지. 그렇다… 진리는 신비하고 오묘한 설법에만 있지 않고 바로 현장에 있다. 모든 인간은 지구 위에서 계속 살아왔고 살아가는 중이다. **끊임없는 생존**(노동: LABOR)**과 생식**(임신: PREGNANCY)**과 인류애**(HUMANISM)**로써 우리의 영속은 지속될 수 있을 것이다.**

'행복에너지'의 해피 대한민국 프로젝트!

<모교 책 보내기 운동> <군부대 책 보내기 운동>

한 권의 책은 한 사람의 인생을 바꾸는 힘을 가지고 있습니다. 한 사람의 인생이 바뀌면 한 나라의 국운이 바뀝니다. 그럼에도 불구하고 많은 학교의 도서관이 가난하며 나라를 지키는 군인들은 사회와 단절되어 자기계발을 하기 어렵습니다. 저희 행복에너지에서는 베스트셀러와 각종 기관에서 우수도서로 선정된 도서를 중심으로 <모교 책 보내기 운동>과 <군부대 책 보내기 운동>을 펼치고 있습니다. 책을 제공해 주시면 수요기관에서 감사장과 함께 기부금 영수증을 받을 수 있어 좋은 일에 따르는 적절한 세액 공제의 혜택도 뒤따르게 됩니다. 대한민국의 미래, 젊은이들에게 좋은 책을 보내주십시오. 독자 여러분의 자랑스러운 모교와 군부대에 보내진 한 권의 책은 더 크게 성장할 대한민국의 발판이 될 것입니다.